SIMPLE EXPOSÉ

D'UN FAIT HONORABLE

ODIEUSEMENT DÉNATURÉ

DANS UN LIBELLE RÉCENT DE M. PAUTHIER.

OUVRAGES DE M. STANISLAS JULIEN

QUI SE TROUVENT A LA LIBRAIRIE DE BENJAMIN DUPRAT,

Nº 7, RUE DU CLOÎTRE-SAINT-BENOÎT.

ΚΟΛΟΥΘΟΥ ΕΛΕΝΗΣ ΑΡΠΑΓΗ, l'Enlèvement d'Hélène, poème de Coluthus, traduit en français, accompagné d'une version latine entièrement neuve, de notes philologiques et critiques sur le texte, de trois index, de scholies inédites, de la collation et du *fac-simile* entier des deux manuscrits de la Bibliothèque Royale de Paris, in-8º, 13 fr.

MENG-TSEU vel Mencium, inter Sinenses philosophos ingenio, doctrina, nominisque claritate Confucio proximum, edidit, latina interpretatione ad interpretationem tartaricam utramque recensita instruxit, et perpetuo commentario e Sinicis deprompto illustravit Stanislaus Julien. *Lutetiæ Parisiorum*, 1824, 2 vol. in-8º. 26 fr.

HOEI-LAN-KI ou l'Histoire du Cercle de craie, drame en prose et en vers, traduit du chinois et accompagné de notes. *Londres*, 1832, in-8º, fig. 9 fr.

TCHAO-CHI-KOU-EUL ou l'Orphelin de la Chine, drame en prose et en vers, accompagné des pièces historiques qui en ont fourni le sujet, et suivi de nouvelles et de poésies traduites du chinois. *Paris*, 1834, in-8º, br. 5 fr.

PÉ-CHÉ-TS'ING-KI. Blanche et Bleue, ou les Deux Couleuvres Fées, roman traduit du chinois. *Paris*, 1834, in-8º, br. 5 fr.

K'AN-ING-P'IEN. Le livre des Récompenses et des Peines, en chinois et en français, accompagné de quatre cents légendes, anecdotes et histoires, qui font connaître les doctrines, les croyances et les mœurs de la secte des Tao-sse. *Paris*, 1835, in-8º, br. 15 fr.

RÉSUMÉ des principaux traités chinois sur la culture des mûriers et l'éducation des vers à soie, traduit par Stanislas-Julien, et publié par ordre du Ministre de l'agriculture et du commerce. *Paris*, 1837, in-8º, br. 3 fr. 50 c.

EXAMEN critique de quelques pages de chinois relatives à l'Inde, traduites par M. Pauthier, accompagné de discussions grammaticales sur certaines règles de position qui, en chinois, jouent le même rôle que les inflexions dans les autres langues. *Paris*, 1841, in-8º.

LAO-TSEU-TAO-TE-KING, le Livre de la Voie et de la Vertu, composé dans le vɪᵉ siècle avant l'ère chrétienne par le philosophe Lao-tseu, traduit en français et publié avec le texte chinois et un commentaire perpétuel. *Paris*, 1841, in-8º, 12 fr.

EXERCICES PRATIQUES, d'analyse, de syntaxe et de lexigraphie chinoise, ouvrage où les personnes les plus étrangères aux études orientales puiseront des idées exactes sur les procédés et le mécanisme de la langue chinoise. *Paris*, 1841, in-8º, 6 fr.

SIMPLE EXPOSÉ

D'UN FAIT HONORABLE

ODIEUSEMENT DÉNATURÉ

DANS UN LIBELLE RÉCENT DE M. PAUTHIER,

SUIVI

DE LA RÉFUTATION DE SA DERNIÈRE RÉPONSE, DU RÉSUMÉ ANALYTIQUE DE PLUS
DE 600 FAUTES QU'IL N'A PAS SU JUSTIFIER, ET DE L'EXAMEN DE CERTAINS
PASSAGES A L'AIDE DESQUELS IL A PRÉTENDU PROUVER QUE DES ÉGYPTIENS
ONT PORTÉ, EN CHINE, L'INVENTION DE L'ÉCRITURE, 2353 ANS AVANT J.-C.

Par Stanislas JULIEN,

Membre de l'Institut et professeur au Collège de France.

> Celui qui est soutenu par l'estime de tous les
> hommes, ne peut être renversé par la calomnie
> d'un seul.
>
> (*Iu-lin*, liv. 3.)

PARIS,

CHEZ BENJAMIN DUPRAT,

LIBRAIRE DE L'INSTITUT ET DE LA BIBLIOTHÈQUE ROYALE,
7, rue du Cloître-Saint-Benoît.

—

DÉCEMBRE 1842.

PARIS, IMPRIMERIE DE PAUL DUPONT ET Cie,
Rue de Grenelle-St-Honoré, 55.

I.

M. Pauthier vient de publier, chez Firmin Didot, au commencement de novembre, un écrit intitulé : *Dernière réponse à M. Stanislas Julien*, dans lequel on remarque les passages suivants :

(*Avant-propos*, pag. 1.) « En 1834, je pré-
« sentai à la Commission des impressions gratuites,
« établie près de l'Imprimerie Royale, un manus-
« crit comprenant une double traduction latine et
« française (1), accompagnée du texte chinois, du
« *Tao-te-king* de *Lao-tseu*, pour en obtenir l'im-
« pression.
« M. Stanislas Julien, auquel, en sa qualité de

---

(1) Avant d'entrer dans l'examen du fait dont il s'agit, je dois dire que ce manuscrit contenait tout au plus seize ou dix-sept chapitres sur quatre-vingt-un, accompagnés chacun d'un essai de traduction de tous les commentaires d'une édition de *Lao-tseu*, intitulée *Lao-tseu-i*, que M. Klaproth avait prêtée à M. Pauthier. (Voy. pag. 9, lig. 17.) Je possède maintenant un exemplaire de cette même édition (*Lao-tseu-i*), et si M. Pauthier persistait à soutenir qu'il avait traduit tout le texte de l'auteur avec les notes *variorum*, je le prierais de citer une seule phrase des commentaires de chacun des chapitres 18 à 81, de *Lao-tseu*. Comme il s'est écoulé juste dix ans depuis la première présentation de son ébauche de traduction (voir plus bas les pièces 1, 2), il ne serait pas surprenant que sa traduction du texte fût achevée aujourd'hui. Son manuscrit n'ayant point été paraphé à chaque page par la commission, l'invitation que je lui adresse est un moyen infaillible de savoir où s'arrêtait son travail.

« professeur de chinois, le manuscrit fut commu-
« niqué par la Commission, EN FIT REFUSER L'IM-
« PRESSION. » (Voir plus bas la pièce 4, pag. 16.)

(Pag. 24.) « Si quelqu'un devait s'abstenir d'une
« telle publication (c'est-à-dire de la publication
« de *Lao-tseu*), après tout ce que j'avais fait à ce
« sujet, depuis 1831, c'était M. Julien lui-même
« qui, en 1834, avait eu *plusieurs mois entre les*
« *mains* le manuscrit de ma double traduction de
« cet ouvrage philosophique, que j'avais présentée
« à la Commission des impressions gratuites près
« de l'Imprimerie Royale, pour en obtenir l'im-
« pression. Ce manuscrit avait été communiqué à
« M. Julien par un membre de la Commission en
« question, chargé de faire un rapport sur mon
« ouvrage, et ce membre avait désiré connaître
« l'opinion du professeur du Collége de France
« sur mon travail.

« Chacun est libre assurément de donner à ses
« travaux telle direction qui lui plaît ; mais il me
« semble qu'*il y a une certaine pudeur qui em-*
« *pêche les savants, dignes de cě nom*, DE VENIR
« AINSI REFAIRE LES TRAVAUX DES AUTRES, AVANT
« MÊME QU'ILS SOIENT SORTIS COMPLÈTEMENT DE
« LEURS MAINS. »

(Pag. 91.) « En 1834, celui qui écrit ces lignes
« présenta à la Commission des impressions gra-
« tuites établie près de l'Imprimerie Royale, pour
« en obtenir l'impression, un manuscrit compre-

« nant : 1° le texte chinois de l'ouvrage de *Lao-tseu*,
« intitulé *Tao-te-king*;

« 2° Une traduction latine littérale de ce même
« texte ;

« 3° Une traduction française, accompagnée
« d'arguments pour chaque chapitre et de notes ;

« 4° Et enfin la traduction INTÉGRALE et COMPLÈTE
« (voir la note de la page 1, et pages 7-9, ma réponse
« à la 5ᵉ observation) en français, du commentaire
« chinois le plus renommé sur le texte de *Lao-tseu*,
« avec des gloses et extraits de plusieurs commen-
« tateurs.

« Ce manuscrit, dont les registres de l'Impri-
« merie Royale peuvent constater l'existence, et
« *que je possède encore tel qu'il fut présenté*; ce
« manuscrit, dis-je, parvint alors entre les mains
« de M. Stanislas Julien de la manière suivante.
« M. Cousin, membre de la Commission des im-
« pressions gratuites, fut chargé de faire un rap-
« port sur mon manuscrit. Pour se prononcer avec
« plus de connaissance de cause, l'illustre philo-
« sophe crut devoir consulter M. Stanislas Julien,
« professeur de chinois, sur le mérite de ma traduc-
« tion. Le manuscrit fut donc envoyé à ce dernier,
« et, *au bout de quatre à cinq mois*, je fus pré-
« venu que l'impression gratuite de ma traduction
« *m'avait été refusée*. »

Il semblerait, d'après ce qui précède,

1° *Que le manuscrit en question aurait été présenté en*
1834.

On verra tout-à-l'heure que ce fut d'abord au commencement de 1832 , ensuite en 1833 (26 novembre).

2° *Que j'en ai fait refuser l'impression.*

On verra , au contraire, que, par excès d'intérêt et de bienveillance pour M. Pauthier, je me suis abstenu d'écrire un seul mot à la commission au sujet de son travail, et qu'il l'a retiré, d'après mes conseils, pour le retoucher. (Voyez pièces 2 et 4.)

3° *Que j'ai gardé son travail pendant plusieurs mois.*

On verra : *Premièrement*, que je le lui ai rendu le 8 août, le jour même où il m'avait été envoyé.

Secondement, qu'après une nouvelle présentation du manuscrit (le 26 novembre 1833), je le lui ai encore rendu, afin qu'il pût le revoir et l'améliorer, et me fournir ainsi l'occasion de rédiger un rapport tout-à-fait favorable qui pût lui en faire obtenir l'impression gratuite.

Dans l'espace de plus d'un mois, M. Pauthier vint maintes fois chez moi avec son manuscrit que je lui avais rendu, afin que je prisse la peine de le lui corriger. Chaque fois il le remportait pour exécuter les corrections que je venais de lui indiquer , et dont il avait approuvé la justesse.

J'ajouterai (et c'est un fait que pourraient attester M. Bazin et les autres personnes qui suivaient mon cours en 1833) ; j'ajouterai, dis-je, qu'à cette époque, M. Pauthier est souvent venu au Collége de France pour que je lui expliquasse, à la fin de ma leçon , les passages qui l'embarrassaient dans les premiers chapitres de *Lao-tseu.*

4° *Que je n'ai fait autre chose que de m'approprier son propre travail.*

Comment aurais-je pu m'approprier un travail qui, la première fois (le 8 août 1832), lui fut rendu par moi le lendemain du jour où j'en avais reçu la communication, — et qui, la seconde fois (26 novembre 1833), lui fut encore rendu le même jour par moi, afin qu'il pût y faire des changements et des corrections dont il avait reconnu lui-même la nécessité?

On conviendra, au reste, que j'eusse été bien mal inspiré, si j'eusse copié et pillé un travail où j'avais trouvé une multitude d'erreurs, et que l'auteur lui-même jugeait trop imparfait pour le livrer à l'impression. Suivant le proverbe « *On n'emprunte qu'aux riches,* » j'aurais fait presque un acte de folie en copiant l'ébauche informe d'un commençant qui n'était connu par aucune traduction exacte d'un texte chinois, moi qui m'occupais de chinois depuis près de dix ans, qui avais traduit le texte de *Meng-tseu,* après avoir dépouillé, la plume à la main, plus de cent volumes de commentaires chinois dont j'avais donné le résumé dans mes notes; moi qui enfin (je suis confus de le dire) étais parvenu, par mes seuls efforts, à entendre en entier la poésie des pièces de théâtre que le P. Prémare, l'un des plus savants parmi les anciens missionnaires de Péking, avait passée volontairement, sous prétexte que ces vers *sont remplis d'allusions à des faits inconnus, et de figures de langage dont l'on a de la peine à s'apercevoir.* (Voir la préface de ma traduction du drame chinois intitulé *le Cercle de Craie,* et celle de l'*Orphelin de la Chine* que j'ai retraduit en entier, avec tous les vers, sans passer un mot du texte chinois.)

5º *Il semblerait que* M. *Pauthier aurait présenté, dès le commencement de* 1832, *une traduction française* INTÉGRALE *et* COMPLÈTE *des* 81 *chapitres de Lao-tseu.*

J'ai dit dans la note 1 jusqu'où allait à peu près cette traduction. J'ajouterai ici quelques arguments qui me paraissent sans réplique.

Premièrement. Le texte chinois de *Lao-tseu* ne forme qu'environ 25 pages.

Si M. *Pauthier l'avait traduit en entier dès le commencement de* 1832, pourquoi ne l'a-t-il pas publié à part, en français (*ne fût-ce que pour prendre date*), dans une revue littéraire, comme il a publié autrefois, dans la Revue Encyclopédique, la traduction du *Thaï-hio* ou de la *Grande étude*, avant de l'imprimer, en 1837, avec le texte chinois?

Il n'est assurément, en Europe, aucun directeur de Revue, qui ne se fût empressé d'ouvrir ses colonnes à un ouvrage d'une si haute importance, qui remonte au sixième siècle avant notre ère, et qui est, pour ainsi dire, le code religieux d'une secte composée de plus de cent millions d'hommes.

M. Pauthier, qui devait être si avide d'obtenir la priorité pour s'en faire un titre aux yeux du monde savant, n'aurait certainement pas laissé échapper une si belle occasion.

Secondement. Si M. Pauthier avait traduit dès 1832 *les* 81 *chapitres de Lao-tseu,* comment se fait-il que, six ans après, il n'en ait publié que 9 dans sa 1re livraison qui a paru chez Didot, en 1838?

Il a mis, comme l'on voit, huit mois entiers pour traduire le texte et le commentaire de *chaque chapitre!*

Dira-t-il qu'il n'avait pas assez de types chinois gravés et fondus? — Mais il n'y a qu'environ 800 mots différents dans tout le texte de *Lao-tseu,* et si je ne me trompe, dès 1838, l'habile artiste qu'il emploie (M. Marcellin Legrand), avait déjà gravé tous les caractères nécessaires pour imprimer le nouveau testament chinois.

Troisièmement. Si M. Pauthier avait traduit dès 1832 *les* 81 *chapitres de Lao-tseu,* si dès cette époque il en avait achevé le commentaire perpétuel, comment a-t-il laissé écouler près de QUATRE ANS depuis 1838 jusqu'à la fin de 1841 (époque où j'ai donné mon édition de Lao-tseu (1)), sans publier au moins une seconde livraison de 10 ou 12 chapitres?

J'ai procédé tout autrement après avoir achevé ma tra-

_____

(1) *Le Livre de la Voie et de la Vertu,* composé dans le VIe siècle avant l'ère chrétienne par le philosophe *Lao-tseu,* traduit en français et publié avec le texte chinois et un commentaire perpétuel, par Stanislas Julien. Un volume in-8° de 304 pages. A Paris, chez Benjamin Duprat, libraire de la Bibliothèque Royale, n° 7, rue du Cloître-Saint-Benoît.

duction de *Lao-tseu* et y avoir joint un commentaire perpétuel *variorum.* J'ai présenté mon travail à l'Imprimerie Royale
en octobre 1839. Dans l'année suivante, on a préparé les
880 types dont j'avais besoin, opération qui a été retardée
par la composition du catalogue des nouveaux types chinois
de l'Imprimerie Royale (1 vol. in-fol. de 417 pages). L'impression a été commencée dans les premiers jours de janvier
1841, et le 18 décembre de la même année j'ai fait paraître
l'édition complète de mon *Lao-tseu.*

Les arguments et les faits qui précèdent m'autorisent donc
à affirmer (indépendamment de mes souvenirs) que M. Pauthier
n'avait pas terminé, dès le commencement de 1832, la traduction INTÉGRALE et COMPLÈTE des 81 chapitres du philosophe
Lao-tseu, accompagnée, comme il le prétend, de gloses et extraits de plusieurs commentateurs.

Je terminerai en citant un témoignage imposant qui con-
firme ma conclusion. *M. Lebrun, Directeur de l'Impri-
merie Royale, m'a permis de déclarer de sa part, qu'autant
qu'il peut se souvenir, M. Pauthier* N'AVAIT PRÉSENTÉ QU'UNE
PORTION DE SA TRADUCTION ET DE SON COMMENTAIRE DE
LAO-TSEU, ET QUE, D'APRÈS LE NOMBRE DE CHAPITRES QUE
RENFERMAIT CETTE PORTION DE MANUSCRIT, ON CALCULA
COMBIEN COUTERAIT L'IMPRESSION DE TOUT L'OUVRAGE.

6º Il semblerait encore que, d'après un rapport défavo-
rable que j'aurais fait à la commission, l'impression lui aurait été refusée *au bout de quatre ou cinq mois.*

Il résulte, au contraire, de la correspondance qu'on va
lire, 1º que je n'ai pas écrit un mot à la commission au sujet
de son travail, dans la crainte que mon opinion consciencieuse n'en fît ajourner l'impression, et 2º qu'il l'a retiré
spontanément pour l'améliorer de nouveau.

En 1838, cinq ans après le second retrait de son manuscrit,
M. Pauthier prit le parti de publier chez Didot, à ses frais,
la première livraison de sa traduction, avec des extraits éten-
dus du commentaire de *Sie-hoeï.* Mais ce travail ne m'ayant
point paru présenter toutes les conditions désirables, je me

décidai, d'après les conseils de M. Victor Cousin, à imprimer la traduction que j'avais terminée depuis plusieurs années, et que j'avais eu l'honneur de lui lire en entier le 3 avril 1836. Après en avoir complété le commentaire perpétuel, qui, dans l'origine, ne se composait que de la glose de *Ho-chang-kong*, je présentai mon travail à la commission des impressions gratuites vers la fin de 1839, et il a paru, le 18 décembre 1841, à la librairie de Benjamin Duprat.

M. Pauthier a voulu établir, à la fin de sa brochure, un parallèle entre ma traduction de *Lao-tseu* et sa première livraison de 1838, que nul sinologue d'Europe n'a jugé à propos d'annoncer avec éloge. Il me serait fort aisé, à mon tour, de critiquer un travail qui fourmille de fautes; mais à quoi bon *troubler la cendre des morts?*

J'ai voulu prouver seulement par les observations qui précèdent :

1º Que, loin de nuire à la publication projetée de M. Pauthier, je me suis abstenu, par excès de bienveillance pour lui, de faire connaître à la commission des impressions gratuites l'opinion consciencieuse qui résultait de mon examen ;

2º Qu'il m'aurait été impossible, quand je l'eusse voulu, de copier le manuscrit de M. Pauthier, puisque, les deux fois qu'il m'a été communiqué, je le lui ai rendu immédiatement, etc., etc.

J'ajouterai enfin, et je l'ai montré plus haut, qu'on ne saurait m'appliquer l'axiome : « *Is fecit cui prodest;* » car, pour un maître versé, comme je l'étais déjà, dans l'intelligence du chinois, c'eût été presque un acte de démence que de copier un travail où j'avais signalé une multitude d'erreurs, et que l'auteur avait senti la nécessité de retirer lui-même pour les corriger.

PIÈCES AUTHENTIQUES

RELATIVES

A UN ESSAI DE TRADUCTION DE LAO-TSEU

Par M. Pauthier,

TIRÉES DES ARCHIVES DE L'IMPRIMERIE ROYALE
ET COMMUNIQUÉES A M. STANISLAS JULIEN PAR M. LEBRUN, PAIR DE FRANCE,
DIRECTEUR GÉNÉRAL DE CET ÉTABLISSEMENT.

1re *époque.*

RÉSUMÉ. Le 17 juillet 1832, M. Lebrun charge M. Victor Cousin de s'entendre avec M. Stanislas Julien, au sujet de la traduction de M. Pauthier (Voir plus bas, pièce 1).

— Le 8 août, M. Stanislas Julien reçoit de M. Victor Cousin la communication du manuscrit et en informe M. Lebrun (*infrà*, pièce 2).

— Le 9 août, **M.** Pauthier, averti la veille par M. Julien, se rend auprès de lui, et après avoir reçu la communication confidentielle de son opinion sur la traduction de *Lao-tseu*, va immédiatement informer M. le directeur de l'Imprimerie Royale qu'il retire son manuscrit pour le revoir (*infrà*, observation A).

— Le 10 août, M. Lebrun accuse réception à M. Julien de sa lettre du 8 août (*infrà*, observation B).

2e *époque.*

RÉSUMÉ. Le 26 novembre 1833, M. Lebrun annonce à

M. Stanislas Julien que M. Pauthier vient de présenter de nouveau à l'Imprimerie Royale son travail sur *Lao-tseu*, revu et corrigé (qu'il avait retiré et gardé du 9 août 1832 au 25 novembre 1833). M. Lebrun en envoie le manuscrit à M. Stanislas Julien et lui demande son opinion motivée (*infrà*, pièce 3).

— Le 9 janvier 1834, M. Stanislas Julien fait connaître à M. Lebrun, par une lettre confidentielle, les motifs bienveillants qui l'ont empêché de faire à la commission des impressions gratuites un rapport motivé sur le travail de M. Pauthier. Il informe, en outre, M. Lebrun, que M. Pauthier a retiré une seconde fois son manuscrit pour y mettre la dernière main (*infrà*, pièce 4).

COPIES DES LETTRES MENTIONNÉES CI-DESSUS.

Pièce n° 1.

Lettre de M. le Directeur de l'Imprimerie Royale
à M. Victor Cousin.

Paris, 17 juillet 1832.

MONSIEUR ,

Dans sa dernière séance, le *Comité des impressions gratuites* vous a chargé d'examiner la traduction de *Lao-tseu* par M. Pauthier, de concert avec M. Abel de Rémusat. La perte que nous avons faite (le 4 juin) de cet illustre collègue vous laisse seul chargé de toute la tâche, que toutefois vous ne consentez pas à remplir seul.

Il me paraît nécessaire que vous veuilliez bien

vous concerter à ce sujet avec un autre sinologue.
Le choix unanime que le Collége de France vient
de faire (le 15 juillet) de M. Stanislas Julien, l'indique au vôtre.

Je vous prie donc, Monsieur, s'il y consent, de
vous entendre avec lui sur la traduction de *Lao-
tseu* par M. Pauthier. Il serait peut-être plus régu-
lier que le comité vous le désignât; mais la demande de M. Pauthier est depuis si longtemps en
instance, que ce serait vraiment lui faire tort que
de retarder d'un mois encore la décision.

Si, en vous invitant à consulter M. Julien, j'ou-
tre-passe mes pouvoirs, je demanderai au Comité
un bill d'indemnité que sans doute il ne me refu-
sera pas.

Je voudrais pouvoir convoquer le Comité pour le
commencement de la semaine prochaine; puis-je
espérer que votre rapport sera prêt à cette époque?

Agréez, etc.

Signé LEBRUN.

Pièce n° 2.

*Lettre de M. Stanislas Julien à M. le Directeur de l'Im-
primerie Royale.*

Paris, 8 août 1832.

MONSIEUR ,

J'ai l'honneur de vous informer que, pour me
conformer à vos intentions, j'ai commencé à exa-

miner aujourd'hui la traduction du texte et du commentaire de *Lao-tseu* que vient de me remettre M. Victor Cousin.

J'ai communiqué à l'auteur les observations écrites que m'a suggérées l'examen du 13ᵉ chapitre. Il les a approuvées, *et s'est décidé à retirer de mes mains son manuscrit* afin de le retravailler avec plus de soin avant d'en demander de nouveau l'impression.

Agréez , etc.

Signé Stanislas JULIEN.

Observation A.

Le 9 août, M. Pauthier se rend à l'Imprimerie Royale. M. le directeur étant absent , il laisse sur son bureau un billet par lequel il l'informe qu'il retire momentanément son manuscrit pour le retoucher et en retrancher ses notes particulières.

M. le directeur a bien voulu me donner lecture de ce billet qui n'a d'autre objet que le retrait du manuscrit *mentionné* ci-dessus.

Observation B.

10 *août* 1832, M. Lebrun accuse réception à M. Julien de sa lettre du 8 août.

M. le directeur a écrit de sa main, sur ladite lettre de M. Julien : *répondu le* 10 *août*.

Pièce n° 3.

*Lettre de M. le Directeur de l'Imprimerie Royale
à M. Stanislas Julien.*

Paris, 20 novembre 1833.

MONSIEUR,

Un manuscrit dont vous avez connaissance, la traduction de *Lao-tseu* avec son commentaire, vient d'être présenté de nouveau par M. Pauthier à M. le garde des sceaux. M. Pauthier, après avoir revu son travail (depuis le 9 août 1832), demande qu'il soit imprimé gratuitement à l'Imprimerie Royale.

La perte que le Comité des impressions gratuites a faite de M. Abel de Rémusat, le prive de celui de ses membres qui pouvait plus particulièrement lui donner un avis sur le mérite du travail de M. Pauthier. Le Comité a pensé que vous seriez assez bon pour lui faire connaître votre opinion sur la fidélité de la traduction de cet ouvrage : c'est en son nom que je viens vous en prier.

J'ai l'honneur de vous adresser le manuscrit de M. Pauthier.

Signé LEBRUN.

2

Pièce n° 4.

Lettre de M. Stanislas Julien à M. le Directeur de l'Imprimerie Royale.

Paris, 9 janvier 1834.

(*Lettre confidentielle*)

MONSIEUR,

Je n'ai pas répondu l'an passé à la demande que vous avez bien voulu m'adresser (le 26 novembre 1833), au sujet de la traduction de *Lao-tseu*, parce que j'ai pensé que M. Pauthier, qui a l'honneur de vous voir souvent, vous informerait, en particulier, du résultat de mon examen. *Je m'intéresse vivement aux travaux de M. Pauthier*, et il m'a paru que la publication de sa traduction actuelle lui causerait des regrets ainsi qu'à ses amis, s'il la mettait sous presse avant de l'avoir revue et retouchée dans toutes ses parties. M. Pauthier a reconnu lui-même cette nécessité, et il a déjà commencé à revoir avec moi, phrase par phrase et pour ainsi dire mot à mot, les premiers chapitres de sa traduction. Les changements importants qui résultent de cette révision scrupuleuse ont engagé M. Pauthier *à retirer de mes mains sa traduction*.

S'il se soumet, dans sa nouvelle version, au système de littéralité rigoureuse que nous avons suivi en corrigeant ensemble les premiers chapitres, je ne crois pas qu'il puisse présenter son travail avant un an. Dieu veuille qu'il ne recule pas devant l'immense difficulté de traduire *Lao-tseu*!

J'AI CRAINT, Monsieur, QUE MON OPINION, A LAQUELLE VOUS ME FAITES L'HONNEUR DE VOUS EN RAPPORTER, NE FIT AJOURNER POUR LONGTEMPS UN TRAVAIL AUQUEL M. PAUTHIER ATTACHE AVEC RAISON UNE GRANDE IMPORTANCE, ET QUI, LORSQU'IL L'AURA REVU AVEC TOUT LE SOIN DONT IL EST CAPABLE, LUI DONNERA DE NOUVEAUX TITRES A L'ESTIME DES VRAIS SAVANTS.

EN DIFFÉRANT, DANS L'INTÉRÊT DE M. PAUTHIER ET DU PUBLIC, DE FAIRE CONNAITRE AU COMITÉ DES IMPRESSIONS GRATUITES MON OPINION SUR SON TRAVAIL, J'AI CRU, Monsieur, M'ASSOCIER A VOS DISPOSITIONS BIENVEILLANTES A SON ÉGARD, ET J'OSE ESPÉRER QUE, POUR CE MOTIF, VOUS VOUDREZ BIEN M'EXCUSER DE NE VOUS AVOIR PAS RÉPONDU PLUS TOT.

Agréez, etc.,

Signé, Stanislas JULIEN.

Je n'ai pas besoin de faire ressortir l'importance de la pièce qui précède. Si l'on songe à l'imperfection du travail qui en fait l'objet, on trouvera peut-être excessive la bienveillance qui y règne d'un bout à l'autre. Mais à Dieu ne plaise que je veuille me faire un mérite de cette bienveillance même qui, dans ma position, était pour moi un plaisir et un devoir. On conviendra, du reste, que je n'aurais pas agi autrement si j'avais pu lire dans l'avenir, si j'avais pu prévoir que, dix ans plus tard, la conduite que je tenais en cette circonstance, serait indignement dénaturée par une haine aveugle, et donnerait lieu à la plus absurde calomnie.

Que devient après cela l'accusation de M. Pauthier? Pour ce qui me touche, *il n'en reste pas l'ombre*. Mais elle laisse sur son caractère une tache fâcheuse dont il ne se lavera jamais!

ADDITION.

Quelque répugnance que j'éprouve à mettre ma traduction de *Lao-tseu* en parallèle avec celle de M. Pauthier, je crois utile de citer un chapitre (le 8e) de ce philosophe qu'il a traduit sans *en entendre une seule phrase !*

Je ferai observer que, pour avoir la clef de ce chapitre, il fallait savoir que le mot *chen* (Basile, 1322), *bon*, a souvent, en chinois, la même extension que le mot latin *bonus*. « bon, » qui signifie aussi *habile à*, *qui excelle à*, comme dans *bonus dicere versus* (Virgile, Egl. V, 1). L'adjectif chinois ayant la propriété de devenir un verbe neutre dans certaines positions, le mot *chen*, « qui excelle à, » peut se prendre (et c'est le cas dans ce chapitre) dans le sens de « *exceller à, savoir.* »

Dans tout ce chapitre, M. Pauthier a traduit par *la vertu* notre mot *chen* (*exceller à*, — et dans deux cas *aimer à*, *se plaire dans*, parce que *chen*, « bon, » se peut prendre verbalement dans le sens de « *estimer-bon*). » De cette façon, il a dénaturé d'un bout à l'autre la pensée de *Lao-tseu*, et il a écrit plusieurs phrases qui n'ont aucun sens en français, ni en aucune autre langue.

Texte. « L'homme d'une vertu supérieure est comme l'eau. L'eau *excelle à* faire du bien aux êtres et ne lutte point. »

Observation. Le sens de *chen* (*exceller à*) est parfaitement expliqué par *Te-thsing : l'excellence de l'eau* consiste en ce qu'elle est utile à tous les êtres (*chouï-tchi-miao-tsaï-li-wan-we* — 4831-41-1864-1152-775-9037-5653).

Voici comment on explique les mots *elle ne lutte point :* Si on lui oppose une digue, elle s'arrête ; si on lui ouvre un passage, elle coule, etc.

M. Pauthier : « La vertu supérieure est comme l'eau ; l'eau et LA VERTU font fructifier toutes choses, et ne suscitent *aucune contestation*. »

Observation. On voit qu'il a rendu le mot *chen* (exceller à) par *la vertu !* Le commentaire montre en outre qu'il ne s'agit point de *contestation* suscitée par l'eau et *la vertu*.

Texte. « Elle (l'eau) habite les lieux que déteste la foule ; c'est pourquoi (le sage) approche du Tao. »

Observation. Commentaire B : Les hommes aiment la gloire et abhorrent le déshonneur ; ils aiment l'élévation et détestent l'abaissement. Mais l'eau se précipite vers les lieux bas et se plaît à y habiter ; elle se trouve à son aise dans les lieux que la foule déteste.

Commentaire E : On peut dire que celui qui est comme l'eau (c'est-à-dire l'homme d'une vertu supérieure) approche presque du *Tao*.

B : Si l'homme peut l'imiter (imiter l'eau), il pourra entrer dans le *Tao*.

M. Pauthier : « Elles (*la vertu* et l'eau) habitent les lieux détestés et méprisés par la foule des hommes ; c'est pourquoi ELLES se rapprochent de la Raison ou de l'Intelligence suprême. »

Observation. M. Pauthier a rapporté le verbe *habiter* à *l'eau* et à LA VERTU, de laquelle il n'est point question ici, puisque le mot qu'il rend par *vertu* signifie presque partout *exceller à*.

Il me faudrait entrer dans des développements qui ne peuvent trouver place ici, si je voulais montrer l'erreur qu'il a commise en rendant le mot *tao* par *la Raison* ou *l'Intelligence suprême*. Je me contenterai de renvoyer le lecteur à mon introduction de *Lao-tseu*, pag. x.

Texte. « Il se plaît dans la situation la plus humble. »

Commentaire E : Il fuit l'élévation et aime l'abaissement.
— Le mot *chen* (vulgo *bonus*) signifie ici « aimer, être

content de » (Sic A : *hi* (1339), *lœtatur*). Littéralement :
« Pour habitation, il aime la terre. »

M. Pauthier : « *La vertu* de la demeure est attachée à
la terre. »

Observation. En traduisant *chen,* ici « aimer, être content de, » par *la vertu,* il a fait une phrase qui n'a pas de
sens.

Texte. « Son cœur *aime à* être profond comme un
abîme. »

Commentaire E : Il cache les replis les plus déliés de
son cœur, qui est tellement profond qu'on ne pouvait le
sonder.

Commentaire : Il est vide, pur, tranquille et silencieux.
M. Pauthier : « *La vertu* du cœur est un abîme. »
C'est encore la même faute que ci-dessus. Il rend *aimer
à* par *la vertu !*

Texte. « S'il fait des largesses, *il excelle à* montrer de
l'humanité. »

M. Pauthier : « *La vertu* de la libéralité, c'est l'humanité
ou la bienveillance universelle ! »

Texte. « S'il parle, *il excelle à* pratiquer la vérité. »

M. Pauthier : « *La vertu* de la parole, c'est la sincérité. »

Texte. « S'il gouverne, *il excelle à* procurer la paix
(aux hommes). »

M. Pauthier : « *La vertu* de l'administration, c'est de
bien gouverner ! »

Texte. « S'il agit, *il excelle à* montrer de la capacité. »
M. Pauthier : « *La vertu* des affaires, c'est la capacité. »

Texte. « S'il se meut, *il excelle à* se conformer aux
temps (aux circonstances). »

M. Pauthier : « LA VERTU du mouvement, c'est le temps. »

Observation. Cette phrase ne présente aucun sens logique. L'idée de l'auteur est cependant très claire : « Le sage
excelle à se conformer aux temps, aux circonstances. »

Texte. « Il ne lutte contre personne ; c'est pourquoi il ne reçoit aucune marque de blâme. »

M. Pauthier : « Ces deux choses (LA VERTU et l'eau) ne suscitent *aucune contestation* ; c'est pourquoi ELLES sont sans défauts. »

Observation. Nous avons vu dans la première phrase qu'il ne s'agit point ici de « *contestations* suscitées par la *vertu* et l'eau* ; » ce qui ne présenterait aucun sens.

M. Pauthier n'a pas entendu davantage le dernier mot *yeou* (2213), qui a ici le sens de *blâme*.

Commentaire E : Telle est en général la cause des luttes entre les hommes : ils s'estiment sages et cherchent à l'emporter sur les autres. Si quelqu'un veut l'emporter sur les autres, ceux-ci voudront aussi l'emporter sur lui. Pourrat-il ne pas *être blâmé* par les autres hommes ? Mais lorsqu'un homme ne songe qu'à être humble et soumis et ne lutte contre personne, la multitude aime à le servir et ne se lasse pas de l'avoir pour roi. Voilà pourquoi *il n'est point blâmé.*

CHAPITRE VII.

Voici un autre chapitre que M. Pauthier a gravement altéré en le traduisant. Je le diviserai en courts paragraphes, afin que le lecteur voie bien en quoi consiste la différence de cette traduction et de la mienne, et sur quels points portent les fautes qu'a commises M. Pauthier.

Texte. « Le ciel et la terre ont une durée éternelle. »

M. Pauthier : « Le ciel est immense, la terre a une durée permanente. »

Observation. Il y a en chinois *Thien*-TCH'ANG-*ti*-KHIEOU pour *thien-ti-tchang-khieou.*

Les auteurs chinois dédoublent souvent ainsi par élégance les adjectifs ou les verbes composés. — Nous voyons

dans Prémare (pag. 122): *pou-*MING-*pou-*PE, au lieu de
*pou-*MING-PE, non dare. *Pou-*TCHI-*pou-*KHIO, au lieu de
*pou-*TCHI-KHIO, ne quidem sentit. *Pou-*HOANG-*pou-*MANG,
au lieu de *pou-*HOANG-MANG, sine præcipitatione, etc.

J'ai rapproché *tch'ang* de *khieou* (*tch'ang-khieou*) d'après
le texte et le commentaire de *Ho-chang-kong*, qui explique ce dissyllabe par *vivre éternellement*.

On voit que M. Pauthier s'est trompé en rapportant la
première syllabe *tchang* à *l'immensité* du ciel, et la seconde *khieou* à *la durée* de la terre.

Texte. « S'ils peuvent avoir une durée éternelle, c'est
parce qu'ils ne vivent pas pour eux seuls ; c'est pourquoi
ils peuvent avoir une durée éternelle. »

M. Pauthier : Le ciel et la terre sont, de tous les éléments visibles, ceux qui *ont une existence illimitée dans
l'espace et le temps* : cela vient de ce qu'ils *ne se reproduisent pas par la génération ;* c'est pour cela qu'ils peuvent
avoir une existence illimitée dans l'espace et dans le temps.

Observations. M. Pauthier a fait ici plusieurs fautes très
graves.

1º Il a cru, ici comme plus haut, que *tch'ang-khieou* (vivre éternellement) s'appliquait non seulement à *la durée*
du ciel et de la terre, mais encore à leur *immensité.*

2º Il s'est imaginé que *so-i...tche* (3211-115-8284) « ce
pour quoi, la raison pour laquelle, » signifiait *qui, quæ,
quod*, et il a traduit : « le ciel et la terre QUI... », au lieu
de : la raison *pour laquelle* le ciel et la terre sont éternels,
c'est que, etc.

De cette façon, M. Pauthier n'a compris ni la pensée
ni le raisonnement de *Lao-tseu.*

3º L'expression *pou-tseu-sing* (9-8663-6155) signifie,
d'après les commentaires, et en particulier d'après *Te-
thsing* (H), *pou-tseu-sse-khi-sing* (9-8663-618-6155), littéralement : *ne point s'approprier sa vie*, c'est-à-dire *ne point
vivre pour soi seul*, c'est-à-dire vivre pour le bien de toutes
les créatures.

M. Pauthier a cru que ces trois mots signifiaient : ils (le ciel et la terre) *ne se reproduisent point par la génération !*

4° Il a fait un faux raisonnement en écrivant : «*Ils ne se reproduisent pas par la génération ;* C'EST POUR CELA qu'ils peuvent avoir une existence illimitée dans l'espace et dans le temps. »

Comment a-t-il pu croire que la durée éternelle et l'immensité du ciel et de la terre tenaient uniquement *à ce qu'ils ne se reproduisent point par la génération ?*

Texte. « De là vient que le saint homme se place *après* les autres et il devient le premier. »

Commentaire : Pourquoi l'homme ne peut-il subsister éternellement comme le ciel et la terre? C'est parce qu'il se laisse séduire par ses passions qui l'usent et abrégent sa vie. Mais l'homme saint déracine et expulse toutes les illusions du siècle ; il oublie son corps pour conserver sa pureté. Tous les hommes aiment à s'élever ; lui seul aime à s'humilier et à s'abaisser. Ils se disputent le premier rang ; il se retire comme par pusillanimité. Il se met lui-même après les autres et les place avant lui. C'est pourquoi tous les hommes l'honorent et le placent au premier rang.

M. Pauthier : « C'est aussi pour cette raison que le saint homme place *au second rang* son corps mortel (produit par la génération), et par cela même il lui donne le premier rang. »

Observations. On voit par le commentaire précédent que l'homme saint se place *après tous les autres,* et non *au second rang.*

Il est difficile de s'expliquer pourquoi M. Pauthier a ajouté les mots « *produit par la génération.* » Ce n'est pas seulement *son corps matériel* que le saint met au dernier rang, par excès d'humilité ; c'est surtout *son esprit, ses affections, sa volonté* qu'il subordonne à *l'esprit, aux affections, à la volonté* des autres hommes.

Texte. « Il se dégage de son corps, et son corps se conserve. »

Commentaire : Il oublie son corps, et le regarde comme s'il lui était étranger ; c'est pourquoi il peut se conserver longtemps. Le texte signifie littéralement : « *placer son corps en dehors de soi.* »

M. Pauthier « *Il traite avec dédain* son corps mortel, et par cela même il lui donne une existence permanente. »

Observation. Le verbe *waï* (1786), *placer* (son corps) *en dehors de soi,* c'est-à-dire *s'en dégager, s'en détacher,* est fort mal rendu par *traiter* (*son corps*) *avec dédain.*

Texte. « (Si son corps se conserve) N'est-ce pas parce qu'il n'a point d'intérêts privés ? C'est pourquoi il peut réussir dans ses intérêts privés. »

Commentaire C. Il se dépouille de tout intérêt privé, et rougirait d'être seul un saint homme. Mais cette humilité même fait voir qu'il est un saint homme.

M. Pauthier. « Il ne cesse de se dépouiller de toute affection sensuelle ; c'est pourquoi il peut perfectionner ou épurer ses affections privées. »

Observations. M. Pauthier a fait ici plusieurs fautes assez graves.

1° Il a supprimé l'interrogation du premier membre de phrase, et a fait disparaître ainsi la liaison qui le rattache au membre précédent. En effet, il est dit plus haut : « Il se dégage de son corps, et son corps se conserve. » L'auteur ajoute ici : « N'est-ce point parce qu'il . . . . . ? » C'est-à-dire, *si son corps se conserve,* n'est-ce point parce qu'il n'a point d'intérêts privés ?

2° L'expression *wou-sse* (5454-7116) ne signifie point ici *se dépouiller de toute affection* ou *inclination sensuelle,* mais (suivant le commentaire de *Sie-hoeï*) n'avoir point d'égoïsme, n'avoir nul désir de réussir dans ses intérêts privés.

3° Le mot *tching* (3176), de *tching-khi-sse*(3176-618-7116), *réussir dans ses intérêts privés,* ne signifie point *perfectionner*

ou *épurer* (ses affections privées), mais *accomplir une chose,
réussir dans*.

Le commentaire C (de mon édition) nous apprend que
les mots *tching-khi-sse*, « réussir dans ses intérêts privés, »
sont l'explication des mots précédents : *il devient le premier, son corps se conserve.*

D'où l'on voit qu'il ne s'agit nullement d'*affection privée*
que le saint homme ait besoin de *perfectionner* ou d'é-
purer.

CONCLUSION.

Il n'est presque pas un des neuf chapitres publiés par
M. Pauthier dans sa première livraison, où je ne pusse
relever, ainsi que dans les notes qui les accompagnent,
une multitude de fautes plus ou moins graves, en les prou-
vant par le raisonnement et les commentaires chinois.

Mais les développements qui précèdent suffisent grandement, je pense, pour faire juger de l'infidélité de sa traduction qui pèche ici par les mêmes défauts que j'ai signa-
lés cent fois dans l'*Examen critique* et les *Exercices pratiques.*

Une version française de *Lao-tseu*, exécutée de la sorte,
est à mes yeux *nulle* et *non avenue.* C'est pour cette raison
que je n'ai pas jugé à propos de mentionner cette première livraison dans ma préface de *Lao-tseu.* D'ailleurs,
je n'aurais pu en parler consciencieusement sans la blâ-
mer d'une manière sévère, et comme M. Pauthier venait
d'attaquer mon caractère dans sa réponse (*Journal asiat.*
de Paris, août et sept.-oct. 1841) à mon *Examen critique*
(*même recueil*, mai 1841), j'ai cru qu'il était assez inutile
de lui fournir une seconde occasion de m'adresser de
nouvelles injures.

Mon édition de *Lao-tseu* m'a fait obtenir de plusieurs corps savants, un témoignage d'estime dont je suis fier, et qui est pour moi une douce récompense de ce travail long et difficile qui m'a coûté tant de veilles. Dans sa séance du 16 avril 1842, l'Académie de Berlin a bien voulu m'associer à la classe d'histoire et de philosophie, et l'Académie impériale des sciences de Saint-Pétersbourg a daigné m'informer qu'elle me décernerait la même distinction dans le mois de décembre de la présente année. Enfin, et comme pour mettre le comble à tant d'honneur, M. le professeur Schelling, le plus illustre philosophe de l'Allemagne, a daigné m'adresser la lettre ci-jointe, où il exprime son opinion sur mon ouvrage, dans des termes que je n'oublierai de ma vie, et qui seront pour moi un puissant encouragement à continuer la traduction des anciens philosophes chinois antérieurs à l'ère chrétienne.

Cette lettre est si honorable pour moi que, par un sentiment que tout le monde comprendra, je ne l'avais communiquée qu'à quelques amis intimes qui applaudissent à mes efforts, et se réjouissent de les voir appréciés par les sommités de la science. Mais aujourd'hui que je suis violemment attaqué à l'occasion de ce travail, le plus difficile que présentât la littérature chinoise, et le plus important pour l'histoire de la philosophie ancienne du Céleste Empire, je manquerais aux devoirs d'une honorable défense, si je ne rendais public un document précieux que, dans des circonstances moins impé-

rieuses, j'aurais eu à cœur de tenir caché, et qui
témoigne, par sa forme flatteuse et bienveillante,
autant que par l'autorité imposante dont il émane,
que mes efforts n'ont été ni infructueux pour la
science ni indifférents aux juges les plus compétents
en Europe.

Lettre de M. Schelling à M. Stanislas Julien.

« MONSIEUR,

« Un temps considérable, peut-être quatre mois
« se sont écoulés depuis que, par la bienveillante
« entremise du baron Alex. de Humboldt, j'ai eu
« votre traduction du livre de Lao-Tseu, dont vous
« aviez bien voulu m'adresser un exemplaire. J'avais,
« Monsieur, à vous exprimer ma profonde recon-
« naissance pour ce don précieux et une bien plus
« grande encore pour l'ouvrage lui-même, que je
« regarde comme un présent tout-à-fait inespéré et
« inattendu, puisque, d'après tout ce que M. Abel
« de Rémusat nous avait dit sur l'impénétrable
« obscurité des phrases et des idées de Lao-Tseu,
« je n'aurais jamais cru qu'un jour viendrait où je
« lirais ce même livre sans difficulté et avec pleine
« assurance d'en avoir parfaitement compris le
« sens et saisi la portée. C'est justement, Monsieur,
« ce que je dois à votre travail aussi consciencieux
« que judicieux. Vous ne vous êtes pas contenté
« de traduire simplement Lao-Tseu et de nous pro-
« poser vos explications ; vous nous donnez encore

« les différentes interprétations qui se trouvent
« dans les commentaires chinois, de manière que
« celui qui s'attache au sens philosophique des textes,
« est en état de choisir lui-même ce qui lui paraît le
« plus convenable à ce sens, et je puis dire que j'en
« ai profité : mais je me fais un plaisir d'ajouter
« qu'à fort peu d'exceptions près, je me suis toujours
« trouvé *philosophiquement* obligé de me rendre
« à votre avis. Il n'en pouvait pas être autrement,
« puisque ce que votre Introduction a établi sur le
« sens de l'idée fondamentale du Tao, est tellement
« clair que l'on n'a plus qu'à suivre cette lumière
« pour se reconnaître partout. Il ne peut plus y avoir
« aucun doute qu'il ne s'y agit point d'une Raison
« primordiale qui a créé et qui régit tout, pas même
« de l'âme universelle dont tout émane, mais bien
« de cette pure et simple *puissance* dénuée de tout
« *acte,* qui n'est pas le *summum,* mais très certaine-
« ment le *primum cogitabile,* et qui, en vérité, est,
« logiquement parlant, non seulement le point de
« départ de l'existence *immédiate* (celle qui ne pré-
« suppose aucune autre, c'est-à-dire, de la matière
« première), mais encore la *porte* par laquelle pas-
« sent les existences plus éloignées ou *médiates.*
« Je me suis même très souvent servi de ce même
« terme (*porte*) dans mes cours de philosophie,
« sans m'en douter, et bien loin de penser que ce
« même terme se trouvait déjà dans le plus ancien
« et le plus profond des philosophes chinois. J'ai
« cru pouvoir vous communiquer ces remarques
« sur le **Tao,** puisque vous en appelez vous-même

« aux philosophes de profession. Ce n'était assuré-
« ment pas de mon gré que j'ai tardé si longtemps
« à vous témoigner le haut intérêt que m'a inspiré
« votre Lao-Tseu ; je ne veux pas vous parler de la
« satisfaction que j'ai dû éprouver relativement à
« l'idée bizarre de M. Abel Rémusat sur le nom de
« Jéhova dans un texte chinois, idée à laquelle je
« me suis toujours opposé, et que vous avez prouvé
« manquer de tout fondement. Je vous dirai plutôt
« combien je me sens éclairé et avancé dans mes
« connaissances par les résultats positifs de votre tra-
« vail, qui atteste une haute intelligence autant que
« la plus noble persévérance. Le juste tribut de mon
« admiration vous vient un peu tard ; vous ne le
« dédaignerez pas pour cela, et vous n'accueillerez
« pas avec moins de bonté les assurances de la plus
« haute considération et du sincère dévouement
« avec lequel

« J'ai l'honneur d'être, etc.,

« SCHELLING. »

Berlin, 16 avril 1842.

RÉFUTATION

DES

PARTIES DE LA DERNIÈRE RÉPONSE

DE M. PAUTHIER

QUI ONT UNE APPARENCE LITTÉRAIRE,

PAR STANISLAS JULIEN.

Nec cauis latrando campanæ sonos , nec quis conviciando damnatorium judicium exstinguere potest.

(*Iu-lin*, liv. 27, fol. 4, *v.*)

3

II.

L'étude de la langue de Confucius a fait de tels progrès dans ces derniers temps, que la traduction française d'un livre chinois est aujourd'hui, pour les personnes exercées, une tâche presque aussi aisée que celle d'un ouvrage écrit dans une des langues de l'Europe. Cette observation peut s'appliquer surtout aux compositions modernes, telles que les romans, les nouvelles et les comédies.

Il est plus difficile, il est vrai, de traduire un ouvrage écrit en style ancien et relatif à l'histoire, à la géographie de la Chine ou à la description des pays étrangers.

Il arrive de temps en temps que les hommes les plus habiles se trompent en voulant rendre des expressions rares, d'une élégance recherchée, ou ayant trait à des faits ou à des usages peu connus, pour l'intelligence desquels les dictionnaires publiés jusqu'à présent ne sont d'aucun secours.

Les travaux des plus savants sinologues, sans excepter ceux qui ont vécu longtemps en Chine, ne sont pas exempts de pareilles erreurs; mais elles y sont fort rares, et la difficulté du texte, ou quelque circonstance sérieuse, les rend d'ailleurs fort excusables.

Il en est tout autrement lorsque, dans un texte de peu d'étendue, on commet des fautes tellement nombreuses et d'une telle gravité que les faits ou les observations qu'il renferme en sont, pour ainsi dire, dénaturés.

Si le traducteur est un commençant modeste, égaré par son inexpérience, l'indulgence des juges compétents lui est tout acquise, et il y aurait plus que de la rigueur à signaler ses fautes au public. Mais si, sans avoir jamais su sortir de la classe des étudiants, il affiche des prétentions démesurées, s'il aspire, avec des essais informes, aux positions les plus élevées dans la littérature chinoise (1), c'est un devoir sacré pour la Critique d'éclairer les personnes étrangères à cette étude. En cela, elle remplit sa mission envers le public, en même temps qu'elle rend service à l'auteur qui s'égare, et qui pourrait se perdre sans ressource, s'il n'était averti à temps.

Dès l'année 1835, M. Pauthier s'était mis sur les rangs à l'Académie des inscriptions et belles-let-

---

(1) Lorsqu'en 1832 le Collége de France m'eut fait l'honneur de me présenter à l'unanimité pour remplir la chaire de chinois, l'Académie des Inscriptions eut à désigner de son côté un candidat. M. Pauthier, qui étudiait le chinois depuis deux ou trois ans, se mit, à ce qu'il paraît, sur les rangs, car il obtint *une voix*, celle de M. Pouqueville, ami de son oncle, M. le général *Donzelot*.

tres (1), pour obtenir une des premières places vacantes. Rien n'est plus licite qu'une telle démarche, lorsqu'elle est appuyée sur des travaux solides qui ont déjà obtenu la sanction des juges les plus compétents en Europe. Malheureusement M. Pauthier n'était connu, jusque-là, que par une brochure intitulée : *Mémoire sur la propagation du Tao*, dont toutes les parties, traduites du chinois, lui avaient attiré une critique sévère, mais justement méritée, de la part d'un sinologue qui tenait alors le premier rang à côté de M. Abel Rémusat.

Deux places étant devenues vacantes dans la même Académie, au commencement de 1836, M. Pauthier fit des démarches et essaya de les appuyer à l'aide d'un article sur Ceylan, qu'il avait traduit de *Ma-touan-lin*, et qui avait paru dans le numéro d'avril du *Journal asiatique* de Paris.

Plusieurs de mes confrères me prièrent de leur

---

(1) M. Pauthier s'est vivement récrié à l'occasion de ce que j'ai dit (*Exercices pratiques*, page XVII) de sa candidature et de ses démarches. Il a cru me donner un démenti en soutenant qu'il n'a point fait de visites à l'occasion de chacune des vacances qui ont eu lieu depuis le 5 septembre 1835 jusqu'à présent. Cette réponse n'a aucune valeur. Lorsqu'un homme s'est mis une fois sur les rangs, il est maintenu sur la liste et est regardé comme candidat, tant qu'il n'a pas annoncé l'intention de se retirer. Avant de procéder à une nouvelle élection, le secrétaire lit la liste des candidats, et c'est par suite de cet usage, que, dans une des dernières séances où fut élu M. de Laborde, le nom de M. Pauthier, inscrit la première fois depuis plus de sept ans, a encore été lu, comme il l'avait été dans les élections précédentes, parmi les noms des autres prétendants.

dire mon avis sur le mérite de cette publication. À
peine eus-je comparé la traduction française avec le
texte chinois, qui forme onze lignes, que j'y remar-
quai plus de vingt erreurs de la nature la plus grave.

Jusque-là j'avais eu des relations amicales avec
M. Pauthier, que j'avais aidé, autant qu'il était en
moi, de mes livres et de mes conseils. Mais, malgré
mes dispositions bienveillantes pour lui, le besoin
de dire la vérité l'emporta : *amicus Plato, sed
magis amica veritas!* J'eus soin toutefois d'exprimer mon opinion dans des termes polis et mo-
dérés. Je rédigeai par écrit mes observations moti-
vées, et je les insérai dans le numéro de juillet 1836
du *Journal asiatique* de Paris.

Je les fis précéder de la note suivante :

« Le numéro d'avril contient, page 401, une no-
« tice sur le royaume de *Sse-tseu*, traduite de *Ma-
« touan-lin* par M. Pauthier. Ce fragment renferme,
« dans quelques lignes, une série d'erreurs sur les
« quelles je prends la liberté d'appeler l'attention
« du public, afin de montrer aux personnes qui s'oc-
« cupent de la langue chinoise l'importance des rè-
« gles de position qui sont la clef des principales dif-
« ficultés. Elles verront en même temps combien il
« faut apporter de circonspection et de réserve dans
« la traduction des textes écrits en style ancien, et
« en particulier de *Ma-touan-lin*, dont les édi-

« tions ne manquent pas de fautes d'impression.

« Afin de donner à mes remarques le degré de
« force dont elles ont besoin, j'ai été obligé de
« faire lithographier le texte de *Ma-touan-lin*, et
« de le retraduire en entier. J'y ai ajouté plusieurs
« passages empruntés à d'autres auteurs dont j'invo-
« que l'autorité. Les recherches que j'ai faites dans
« l'histoire de la Chine méridionale, dans les anna-
« les de la dynastie des *Thang,* etc., m'ont permis
« de retrouver tous les passages originaux à l'aide
« desquels *Ma-touan-lin* a rédigé sa notice, et de
« corriger plusieurs fautes d'impression qui exis-
« tent dans l'édition que possède la Bibliothèque
« Royale. » (On verra l'analyse de mes critiques
dans la quatrième partie de la présente publication.)

M. Pauthier ne répondit point, mais il s'irrita
contre moi, et attribua ma critique à une *jalousie
de métier* (ce fut son expression), et à je ne sais
quel désir de garder le monopole du chinois. Cette
même accusation est présentée vingt fois, et souvent
sous la forme la plus odieuse, dans le libelle qu'il
a intitulé : *Dernière réponse.*

Si tel était mon but, j'emploierais pour y parvenir des moyens diamétralement opposés à une pa-
reille prétention ; car personne, j'ose le dire, ne fut
jamais plus accessible que moi à ceux qui s'occupent
de chinois, plus prodigue de secours de tout genre,

plus empressé à leur faire connaître, sans qu'ils le demandent, les sources où ils peuvent puiser les renseignements dont ils ont besoin, à leur procurer, dans l'intérêt des recherches dont ils s'occupent, des livres rares que je possède seul en Europe, à poursuivre, pendant des semaines et des mois entiers, la solution des difficultés qui les arrêtent, et enfin à mettre à leur disposition des matériaux recueillis et préparés par moi sur le même sujet.

On a vu certains hommes qui ont exercé pendant de longues années le monopole des sciences à la tête desquelles ils étaient placés; ce n'est point ainsi qu'ils procédaient pour s'en assurer la possession. Le système qu'ils suivirent ne contribua pas peu à leur réputation, car ils purent accumuler en silence et exploiter à leur profit une foule de connaissances, de faits et de ressources littéraires, dont la communication libérale et bien entendue aurait encouragé le zèle et décuplé les forces de ceux qui avaient l'honorable ambition de marcher, *quoique de loin*, sur leurs traces.

En m'accusant de monopole dans des termes dont l'intention calomnieuse n'a échappé à personne, M. Pauthier me met dans la nécessité de rappeler un service qui lui est personnel et dont il n'a peut-être jamais connu l'auteur.

M. Ambroise Firmin Didot vint me trouver il y a

six ou sept ans et me pria de me charger de la *description de la Chine* pour l'*Univers pittoresque*. Il s'agissait alors de rédiger en deux volumes un ouvrage qui m'offrait de grands avantages pécuniaires, indépendamment de l'honneur de le voir publier à huit ou dix mille exemplaires, dans une collection destinée à être lue de tout le monde, et à prendre place dans toutes les bibliothèques publiques et particulières de l'Europe.

J'ai à ma disposition tant de matériaux relatifs à la Chine, et l'on a tant écrit sur ce sujet en français et dans les langues étrangères que je puis lire, qu'une telle tâche eût été pour moi un jeu et un délassement. Pour un homme qui aurait visé au monopole, c'eût été là une belle occasion! Cependant je la laissai volontairement échapper pour rendre service à un jeune homme avec qui j'avais entretenu longtemps des relations amicales, et que j'avais aidé dans ses études autant qu'il avait été en moi. Cependant il s'était éloigné de moi depuis plus de deux ans, et paraissait me témoigner de la froideur sans que j'en pusse deviner le motif. Ce fut une raison de plus pour que je songeasse à lui être utile. Je parlai de lui à M. Didot, à qui il était entièrement inconnu, et je le disposai si bien en faveur de M. Pauthier qu'il le chargea de rédiger, pour l'*Univers pittoresque*, la description de la Chine *qu'il était venu me demander*. Depuis cette époque M. Pauthier en a publié le premier volume, et il prépare le second.

Je pourrais citer vingt autres exemples pour prouver combien je suis peu habile à exercer ce monopole que M. Pauthier m'a reproché tant de fois, d'un bout à l'autre de son *libelle*, et cela dans des termes aussi amers qu'injurieux et dont l'injustice ne le cède qu'à la grossièreté.

Mais je dois m'abstenir de rapporter de nouveaux faits qui pourraient me fournir une apologie dont je n'ai pas besoin. Quelque honorable que soit celui que je viens de citer, je l'aurais passé sous silence si je n'avais été forcé de repousser une imputation aussi absurde qu'odieuse.

Si M. Pauthier eût su s'arrêter à temps, et reconnaître qu'il n'avait pas encore fait assez de progrès pour traduire des textes écrits en style ancien ; s'il eût suspendu, pendant plusieurs années, ses travaux commencés, afin de se fortifier dans l'étude du chinois, peut-être serait-il aujourd'hui en état d'aborder, comme d'autres, tous les auteurs, et d'en tirer de précieux documents dont s'enrichirait l'érudition orientale.

Mais, aveuglé par un amour-propre mal entendu, il s'imagina que ma critique était dictée par l'envie, et que mes observations étaient fausses et injustes, et il continua à traduire, comme si rien n'était, les textes les plus difficiles.

Il fit paraître dans l'*Asiatic Journal* de Londres (n°ˢ de juillet et d'août 1836) la notice de *Ma-touan-lin* sur l'Inde (liv. 338, fol. 14), dont il a plusieurs fois revendiqué la traduction. Je l'ai comparée dans le temps au texte original, et j'y ai reconnu, à la première lecture, plusieurs centaines de fautes graves. M. Pauthier a persévéré depuis dans son système de traduction, et, chose étrange ! au lieu de faire des progrès, il semble avoir rétrogradé dans l'intelligence du chinois. En effet, le morceau précité de seize pages, qu'il a publié en 1836 dans un recueil anglais, présentait environ deux cent cinquante erreurs, et en décembre 1839 et mars 1840, il fit paraître un fragment de 20 pages, dont douze, examinées grammaticalement par moi, m'ont fait apercevoir plus de six cents fautes !

On voit que je veux parler de la notice d'*Hiouen-thsang* sur l'Inde, qui commence le deuxième livre de la relation de ce voyageur bouddhiste.

Les observations que j'eus l'occasion de faire, en comparant la traduction de M. Pauthier avec le texte chinois que je possède, ont fourni matière à un article fort étendu, intitulé : *Examen critique de quelques pages de chinois*, etc., que j'ai fait insérer dans le *Journal Asiatique* de Paris (mai 1841).

M. Pauthier y fit (n^os d'août, et sept.-oct. du *Journal Asiat.* de Paris, 1841) une réponse dans laquelle il s'efforça de combattre les critiques de 31 paragraphes sur 140 dont se composait ce travail philologique. Ses arguments étaient si faibles, si dénués de preuves et si complètement nuls, que j'aurais gardé le silence, s'il n'eût, plusieurs fois, attaqué mon caractère, en m'accusant de manquer de loyauté et de vouloir en *imposer au public*.

Je repris, l'une après l'autre, toutes les critiques que lui avaient suggérées mes premières observations, et je les réfutai d'une manière méthodique, en m'entourant de toutes les preuves que me fournissaient la pratique de la grammaire chinoise, les dictionnaires originaux et les auteurs les plus estimés.

L'ouvrage que je publiai à cette occasion a été distribué à la plupart des membres de la Société Asiatique et à beaucoup de philologues qui s'intéressent à la grammaire générale. Il est intitulé : *Exercices pratiques d'analyse, de syntaxe et de lexicographie chinoise*, etc., 1 vol. in-8° de 270 pages (1).

_____

(1) A Paris, chez Benjamin Duprat, libraire de la Bibliothèque Royale, n° 7, rue du Cloître-Saint-Benoît.

Dans ce travail purement philologique, j'avais relevé, à l'occasion de 31 paragraphes, cent soixante-sept fautes, et je les avais démontrées à l'aide de preuves de tout genre, puisées à la fois dans le mécanisme de la langue et dans la lecture des auteurs.

Ces fautes, jointes à celles que j'ai signalées dans les §§ 32-140 de l'*Examen critique* (qui avait paru le 1ᵉʳ juillet 1841), s'élèvent ensemble à plus de six CENTS, *quoique se rapportant uniquement à la traduction de* 12 *pages de chinois!* On en trouvera le détail dans le *Résumé analytique* qui forme la troisième partie de la présente publication.

Tout le monde conviendra sans peine que M. Pauthier, qui avait un si grand intérêt à se justifier, ne se serait pas privé du plaisir de réfuter ces 600 critiques l'une après l'autre, *depuis la première jusqu'à la dernière*, s'il se fût cru en état de le faire d'une manière irréfragable, en s'étayant de preuves nombreuses, propres à anéantir toutes mes remarques, et à entraîner en sa faveur la conviction du public.

Dans sa première réponse (*Journal Asiat.* d'août, 1841, page 101), il avait affirmé que *toutes mes observations étaient fausses et sans fondement.* Il avait là une belle occasion de se réhabiliter dans l'esprit des personnes qui, mieux éclairées sur son compte, ne voulaient plus voir en lui qu'un *sino-*

logue amateur. Pour cela, il n'avait qu'une chose
à faire, c'était simplement de prouver, par des arguments et des exemples sans réplique, la prétendue fausseté de mes critiques et la fidélité de sa
traduction.

Mais c'était là le difficile : *Híc opus, híc labor
est!* Aussi l'on peut dire qu'il a plus fait par *son
silence volontaire* que moi par *mes preuves scien-
tifiques*, pour aider à résoudre en dernier ressort
la question de savoir si *les six cents critiques* que
je lui ai adressées, à l'occasion de douze pages de
chinois, étaient *fausses* ou *bien fondées*. En effet,
après avoir lu et relu, examiné, scruté et fouillé en
tout sens mon *Examen critique* (qui avait paru
le 1ᵉʳ juillet 1841) et mes *Exercices pratiques*
(3 août 1842), il a cru y découvrir *une trentaine*
de critiques sur lesquelles il pensait pouvoir gloser
et épiloguer à tort ou à raison ; et passant, pour ainsi
dire, condamnation sur plus de *cinq cents* autres
observations du même genre, il a fait des efforts
inouïs, dans sa *Dernière réponse*, pour prouver que
ces critiques étaient fausses, injustes, ou remplies
d'erreurs. S'il y eût réussi, c'eût été quelque chose,
quoiqu'il eût mieux valu, pour l'honneur de sa réputation, qu'il réfutât, par la même occasion, les
cinq cent quatre-vingts autres critiques. S'il a,
par là, voulu faire preuve de modestie et de mo-

dération, il est à craindre que personne ne soit dis-
posé à lui en tenir compte.

J'ai pris la peine de relever, au milieu d'un chaos
de divagations mêlées à chaque pas de personnalités choquantes, cette *trentaine* de points contestés
par M. Pauthier, et j'ai réfuté ses raisons ou ses assertions, à l'aide d'un ensemble de preuves tellement
claires, tellement fortes et nombreuses, qu'elles
convaincront, j'ose l'espérer du moins, les personnes même le plus étrangères à la philologie orientale. Il est, en outre, un certain nombre d'observations ou d'interprétations qu'il a cru renverser en
les faisant suivre d'une plaisanterie de mauvais goût
ou d'une injure. Ce n'est pas ainsi que doit procéder
la critique ; on ne fait pas de la science avec des
sarcasmes ou des quolibets, et j'aurais craint de pro-
faner la bonne et sérieuse érudition en l'employant à
détruire un tel mode d'argumentation. Aussi n'ai-
je répondu qu'aux points qui avaient une apparence
littéraire, en dépit de la forme inconvenante sous
laquelle ils étaient présentés.

Si M. Pauthier eût classé, article par article, les
objections qu'il prétendait faire contre mon dernier
travail philologique ; s'il eût opposé méthodiquement ses opinions aux miennes, et les eût justifiées
d'une manière décente et convenable, à l'aide des
dictionnaires chinois, des principes de la grammaire

et de l'autorité des auteurs (ainsi que je l'avais fait moi-même dans mon *Examen critique* et dans les *Exercices pratiques*), les questions eussent été simples, précises et clairement établies; j'aurais su nettement quels étaient les points contestés par lui, et sur quelles preuves il prétendait s'appuyer à tort ou à raison. Dans ce cas, je me serais fait un devoir de discuter avec lui, et de continuer, dans tous ses détails, une polémique à laquelle il eût conservé le caractère honnête et littéraire qu'elle a constamment dans mes deux écrits précités.

Mais il lui a été plus aisé, à ce qu'il paraît, de trouver des *injures* que des *raisons* et des *preuves;* il a mieux aimé se traîner dans des déclamations vagues, salies à chaque ligne par des personnalités indignes, des attaques grossières et de plates bouffonneries! J'avais trop le sentiment de ma dignité pour le suivre sur cet ignoble terrain!

Si j'étais l'ennemi de M. Pauthier, j'aurais beaucoup à me réjouir en le voyant adopter un tel système de défense qui s'appuie à chaque pas sur l'outrage et la calomnie, au lieu d'invoquer l'autorité de la science et de la raison, et qui ne fait qu'ajouter une tache morale, désormais ineffaçable, à des erreurs littéraires, qui, bien que d'une gravité et d'une multiplicité inouïes, n'étaient cependant pas sans remède. Mais, pour les réparer, il aurait fallu

que celui qui les avait commises, se défendît d'une
manière grave et honorable, sans sortir des bornes
tracées par le bon goût et les convenances sociales,
et qu'il ne prît point à tâche de verser le fiel des
plus basses passions sur la seule personne peut-être
dont les conseils, la direction et l'appui bienveillant pouvaient l'aider à entrer dans une meilleure
voie, et à acquérir, dans la philologie chinoise, de
ces titres dont l'influence est si puissante, lorsqu'on
a su mériter, à la fois par ses travaux et sa conduite,
les suffrages des savants et l'estime de tous les gens
bien nés.

———

Les chiffres placés entre parenthèses répondent aux numéros du
Dictionnaire chinois du P. Basile, publié par de Guignes. A l'aide de
ces chiffres, les sinologues pourront trouver les caractères chinois
cités.

Ier point contesté par M. Pauthier.

RÉPONSE NULLE.

Le paragraphe 37 de l'*Examen critique* commence par
cette phrase : Lorsqu'ils ont terminé leur repas, ils mâchent
une branche de saule, « *yang-tchi* » (4369-4140), pour se
purifier.

M. Pauthier avait traduit :... « On mâche des boutures
« de l'arbre nommé *yang*, ou figuier d'Inde ; on fait en-
« suite des purifications et ablutions. »

Il avait fait ici trois fautes : 1° en rendant le mot *tchi*,
« une branche, » par *des boutures*; 2° en rendant *yang*,
« le saule, » par *ficus indica*; 3° en faisant un membre

de phrase séparé, des mots *eul-weï-tsing*, *et alors* (c'est-
à-dire après avoir mâché une *branche* de *saule*) *ils sont
purs*, c'est-à-dire ils se regardent comme purs.

De ces trois fautes, je n'en avais signalé qu'une, savoir,
celle qu'il a faite en rendant *yang*, saule, par *ficus indica*,
ou figuier d'Inde.

Dans sa réponse (p. 31), il fait observer avec raison (et
cette remarque m'avait déjà été faite par un botaniste
avec lequel il est en relations) que je me suis trompé en
prenant (d'après le dictionnaire de Basile, n⁰ 8841) son *ficus
indica* pour le *bananier*, mais il oublie le point essentiel de
la discussion; il oublie de prouver que l'arbre *yang*,
« que j'ai rendu par saule » (voyez *Khang-hi*, au mot *lieou*,
saule, 4188), est bien le *ficus indica*, ainsi qu'il l'a traduit.

Ainsi mon observation sur l'erreur qu'il a commise, en
prenant le *saule* pour le *figuier de l'Inde*, subsiste tout
entière; sa RÉPONSE est donc NULLE.

IIᵉ point contesté par M. Pauthier.

RÉPONSE NULLE.

Le texte du paragraphe 38 de l'*Examen critique* est
ainsi conçu : « Après avoir uriné, ils sont obligés de se baigner et de se frotter le corps avec divers parfums qu'on
appelle *tchen-tan* (santal) et *yo-kin*. »

« (§ 39) Quand le roi est sur le point de sortir (*thsiu*),
les musiciens battent le tambour et chantent aux sons des
instruments à cordes. »

M. Pauthier répond que j'ai substitué un caractère qui signifie *aller vite, marcher d'un pas accéléré* (*tsoû*, lisez *thsiu*),
à *yo* qui , dit-il, est dans son texte et signifie se *baigner*.
Il ajoute que sa traduction suivante est la seule exacte.

« Tous ces parfums que l'on nomme *tchen-tan* (santal)
« et *yo-kin*, les rois et les princes en font usage dans leurs
« bains. »

Je ferai observer que je n'ai point substitué un mot

à un autre, puisque l'expression *thsiu*, que j'ai traduite par
sortir, est dans l'édition impériale, la plus correcte qui
existe en Europe. Qu'on relise plus haut ma traduction
des paragraphes 38 et 39, on reconnaîtra que le premier membre de phrase s'applique à tous les Indiens
qui, *après avoir uriné, se baignent et se parfument*, et que
le second membre de phrase (§ 39) : « *Quand le roi est
sur le point de sortir, les musiciens battent le tambour et chantent aux sons des instruments à cordes,* » se rapporte à un
autre ordre d'idées.

Si, dans l'édition de M. Pauthier, il y a *yo*, « se baigner, »
au lieu de *thsiu*, « sortir, » c'est évidemment une faute,
car la phrase signifierait alors : « Quand le roi est sur le
point d'aller se baigner, les musiciens battent le tambour,
et chantent aux sons des instruments à cordes. »

D'un autre côté, si l'expression *kiun-wang* (le prince)
eût été le sujet des verbes *uriner, se baigner, se frotter de
parfums*, il les eût nécessairement précédés, suivant l'u-
sage constant de la syntaxe chinoise.

Ainsi la réponse de M. Pauthier est *complètement nulle*.

Dans le paragraphe 38, j'avais reproché à M. Pauthier
plusieurs fautes extrêmement graves : 1° D'avoir rendu
meï-yeou-seou-niao (4768-4028-5144-5149), *chaque fois
qu'ils* ONT URINÉ, par *chacun doit* aller se PLONGER DANS
L'EAU !

J'avais ajouté : « Il s'est laissé tromper par le mot *niao*
« (5149), URINER, qui signifie *se plonger dans l'eau*, lors-
« qu'on le prononce *ni*, mais le mot précédent *seou* (5144),
« qui signifie toujours *urina* ou *mingere*, suffisait pour
« l'éclairer sur le sens et le son du mot suivant. En chi-
« nois, lorsque les deux parties d'un mot dissyllabe se
« rapprochent par une analogie de signification, cette
« analogie détermine le sens du mot composé, quelles
« que soient d'ailleurs leurs autres significations. »

M. Pauthier A GARDÉ LE SILENCE.

2° Je lui avais reproché d'avoir rendu le verbe actif *thou*
(1669), *illinire*, « appliquer en frottant » (les parfums

4.

appelés *tchen-tan* et *yo-kin*), par s'ENDUIRE LE CORPS AVEC
DE LA TERRE GLAISE *délayée!!* au lieu de se frotter le corps
avec des parfums appelés *tchen-tan* (santal) et *yo-kin*.

M. Pauthier A encore GARDÉ LE SILENCE.

Par suite de cette fausse et ridicule traduction, il a considéré les parfums *tchen-tan* et *yo-kin*, qui sont le régime
direct du verbe *thou*, « illinire » (appliquer en frottant
ces parfums, c'est-à-dire s'en frotter), comme le sujet de
la phrase suivante : « Tous ces parfums, dit-il, que l'on
nomme *tchen-tan* et *yo-kin*, les rois et les princes en font
usage dans leurs bains! »

Voilà des fautes que M. Pauthier aurait dû justifier. Son
silence est la meilleure preuve de la solidité de ma critique.

IIIᵉ point contesté par M. Pauthier.

RÉPONSE NULLE.

M. Pauthier avait soutenu (voyez *Exercices pratiques*,
§ 1 A) « qu'on ne peut admettre dans une langue sans inflexions *deux génitifs de suite*, suivis du régime direct d'un
verbe (actif), construction, dit-il, qui n'aurait que difficile-
ment lieu dans les langues les plus riches en inflexions. »

J'ai cité cet exemple de l'ouvrage *Sing-li-thsing-i*, liv. 5,
fol. 2, v., lig. 7 : *kouan-che-thien-hia-jin-sin* (7512-3704-
1798-8-91-2727), diriger le cœur (la conduite) DES hommes DE l'empire, mot à mot *du dessous du ciel*.

Cet exemple résout la question. Que répond M. Pauthier? Ne pouvant nier qu'il n'y ait ici deux génitifs (DES
hommes DE l'empire) avant un régime direct, ce dont il
avait contesté la possibilité, il répond que j'EN AI IMPOSÉ
au lecteur, en disant que dans l'expression *thien-hia*, « l'empire, » le mot *thien*, « ciel, » est au génitif, et que ces deux
syllabes signifient littéralement *le dessous* (c'est-à-dire ce
qui est au dessus) DU *ciel*.

Voici plusieurs preuves du contraire qui me paraissent
sans réplique :

1re *Preuve*. On sait avec quelle fidélité rigoureuse les Tartares-Mandchous rendent non seulement le sens, mais encore le rôle des mots chinois.

Le mot *thien*, « *ciel*, » se dit en mandchou *apka*, au génitif *apkaï* (cœl-i) ; le mot *hia*, au bas, au dessous, le dessous (suivant la position), se dit *fedchergui*. Ainsi ils traduisent constamment *thien-hia* par *apkaï fedchergui* (DU ciel-le dessous).

On peut consulter à la Bibliothèque du Roi le dictionnaire mandchou-chinois *Thaï-thsing-ts'iouen-chou* (liv. 1, fol. 28, recto) et la traduction mandchou de cette phrase du *Thaï-hio* (fol. 7) : *fan-thien-hia-tchi-we* (720-1798-41-5653). En mandchou *apkaï fedchergui i yaya dchaka*, mot à mot : ciel DU-dessous DU-chaque chose, c'est-à-dire chaque chose DU dessous DU ciel (de l'empire ou du monde).

2e *Preuve*. Ce qui démontre que les Chinois eux-mêmes voient ce que nous appelons un génitif dans *thien*, de l'expression *thien-hia*, c'est que quelquefois ils l'expriment par *tchi* (41), signe ordinaire de ce cas.

J'ai cité dans l'*Examen critique* (§ 139) cette phrase du *Chou-king* (chap. *I-tsi*): *Ti-kouang-thien-*TCHI*-hia*, « l'empereur illumine (par sa vertu) le *dessous* DU *ciel*, c'est-à-dire l'empire. La forme usitée est *kouang-thien-hia* (illuminer l'empire).

3e *Preuve*. Je possède la traduction mandchou de l'ouvrage chinois *Sing-li-thsing-i*, auquel j'avais emprunté la phrase « *diriger la conduite* DES hommes DE l'empire, mot-à-mot DU dessous DU ciel. » Eh bien, le mot *thien*, ciel (de *thien-hia*), est rendu par *apka-i*, « *cœl-i* »DU ciel.

4e *Preuve*. Voici un autre exemple où l'on trouve deux génitifs de suite avant un régime direct. Dictionn. *Thsing wen-weï-chou* (liv. XII, fol. 1, *v.*) : *Tchouï-khieou-chou-li-thsing-weï* (3447-4841-4019-5936-6798-2714), chercher à pénétrer (mot à mot) le fin et le subtil DES principes D'UN livre, c'est-à-dire ce qu'il y a de fin et de subtil dans un ouvrage.

Il est ainsi démontré : 1° qu'on trouve des exemples de *deux génitifs* suivis et dépendants d'un régime direct ; 2° que M. Pauthier a échoué dans sa réponse, lorsqu'il a prétendu soutenir (pag. 39) que dans *thien-hia*, « l'empire, » le mot *thien*, « ciel, » n'est pas au génitif.

Je n'insisterai pas sur l'injure grossière qu'il m'adresse (*ibid.*), lorsqu'il dit que j'en ai IMPOSÉ *au lecteur*, en soutenant une vérité claire comme le jour, savoir, que dans *thien-hia* (mot à mot « le dessous DU ciel, » on en a vu les preuves ci-dessus) le mot *thien*, « ciel, » est au génitif.

Ainsi donc, mon observation (*Examen critique*, § 1) subsiste, et, comme je l'ai dit en commençant, SA RÉPONSE EST NULLE.

IVᵉ point contesté par M. Pauthier.

RÉPONSE NULLE.

M. Pauthier ayant nié qu'on pût trouver en chinois deux génitifs de suite, sans que l'auteur eût au moins indiqué le second par la particule *tchi* (41), marque ordinaire de ce cas, j'ai cité des exemples, non seulement de *deux*, mais même de *trois*, *quatre* et *cinq* génitifs, uniquement indiqués par la position (Voy. *Exercices pratiques*, § 1 A, pag. 8, 9). *Cette fois, M. Pauthier a gardé le silence.*

J'ai fait plus ; j'ai cité (*ibid.*) le passage suivant, où je vois *six génitifs* de suite, sans que l'auteur ait employé une seule fois *tchi* (41), marque *du génitif : Sie-si-youen-sien-sing-lao-tseu-tsi-kiaï-in*, « Introduction DU commentaire DE *Lao-tseu*, (commentaire) DU docteur DE la plaine DE l'ouest, DE la famille SIE. »

Là-dessus, M. Pauthier a fait une longue dissertation pour montrer que la plupart des génitifs que je vois ici n'existent pas. Je vais reprendre méthodiquement tous les points qu'il conteste, et consacrer un article particulier à chaque question. Je prouverai d'une manière irréfragable qu'on dit, en chinois, *l'Introduction* D'UN *ouvrage* (en français : l'introduction *à*), le commentaire *d'un* livre, *d'un* auteur (en français : commentaire *sur*). Je ferai voir ensuite (quoique ce ne soit pas ici le cas) que le nom d'un pays dont un homme est originaire se met, en chinois, *au génitif*, et non *à l'ablatif*, « ce que paraît soutenir M. Pauthier » (comme si l'on disait en latin : homo *hujus regni*, au lieu de *ex hoc regno*), etc. Je signalerai en même temps plusieurs erreurs extrêmement graves qu'il a commises, en s'aventurant à traduire, pour me combattre, un passage fort difficile de l'Introduction que *Wang-san-té* a mise en tête de l'Édition de *Lao-tseu* (Bibl. Roy., Catal. de Fourm., n° 288).

Dans les *Exercices pratiques* (§ 1 A), j'avais rendu, en mot à mot, *tsi-kiaï-*IN (11890-9914-2216) par «introduction DU commentaire. »

M. Pauthier répond que le mot *in* ne peut signifier qu'*introduction à*, ce que je n'ai point nié, car en français on est obligé de s'exprimer ainsi.

En donnant le mot à mot « introduction DE, » j'ai voulu dire et je vais prouver que, pour les Chinois, le mot précédent avec lequel se construit *in* (indication ou introduction) est certainement *au génitif*.

Nous voyons dans le dictionnaire *Thsing-wen-pou-louï* (liv. 7, fol. 19, recto) que le mot *in* (2216) pris au propre signifie *l'indication de*. L'exemple qu'il cite est celui-ci : *lou-*IN*-tchi-*IN (10690-2216-41-10690), c'est-à-dire le mot *indication*, de l'expression *lou-in*, « indication DE la route, du chemin. » Ainsi, dans ce passage, le mot précédent *lou*, « route, » est bien au génitif (DE la route-l'indication).

Au figuré, le mot *in* (2216) s'emploie dans le sens d'*introduction*. On le traduit en mandchou par *yaroun*. C'est, dit le dictionnaire *Thsing-wen-kien*, un discours plus court qu'une préface, que l'on met au commencement d'un livre pour en *indiquer* le but et le fond.

Lorsque le mot *in* signifie, au figuré, « introduction, » cela n'empêche point que le mot précédent avec lequel il

est construit ne soit en chinois au génitif, comme dans le
passage cité plus haut *lou-in*, « l'indication DU chemin. »

En effet, d'après le Dictionnaire impérial de la langue
mandchou (*Thsing-wen-kien*), le mot *in* veut dire alors
l'indication DU but ou DU sujet d'un ouvrage. »

Il en est de même du mot *siu* (2505), préface. Ce mot,
qui signifie proprement « discours préliminaire qu'un auteur met en tête de son ouvrage, » se dit aussi d'une préface placée au commencement d'un livre, par un auteur
étranger. Ainsi l'on trouve, en tête du *Chou-king*, traduit
en mandchou par ordre de l'empereur *Khien-long* : *Chou-
king-siu* (4019-7877-2505), mot à mot : « *préface* DU *Chou-
king.* » Nous dirions en français *préface* SUR le *Chou-king*.

Mais quoique nous soyons obligé d'employer ici, pour
plus de clarté, la préposition SUR, nous ne pouvons nous
empêcher de reconnaître qu'il y a réellement en chinois
préface DU *Chou-king*.

Si quelqu'un pouvait conserver quelques doutes sur le
génitif *Chou-king* (DU *Chou-king*), il n'aurait qu'à jeter les
yeux sur la version mandchou. Il y verrait que l'expression qui correspond à *Chou-king*, « *dasan i nomoun*, » est suivie de *i* marque du génitif : *dasan i nomoun i choutoutsin*,
préface DU livre canonique de l'administration (c'est ainsi
que les Mandchous appellent le *Chou-king*).

J'ai donc montré péremptoirement, par ce qui précède,
que dans l'expression *tsi-kiaï-*IN, le mot qui précède IN
est réellement un génitif, aux yeux des Chinois (mot à mot,
introduction DU commentaire, c'est-à-dire en français, introduction *au* commentaire), de même que *Chou-king* est
au génitif dans l'expression *Chou-king-siu*, mot à mot, *préface* DU *Chou-king*, c'est-à-dire, en français, préface sur le
Chou-king.

Ainsi la RÉPONSE de M. Pauthier est NULLE.

V^e point contesté par M. Pauthier.

RÉPONSE NULLE.

M. Pauthier avait écrit dans sa réponse d'août 1841 (pag. 109, lig. 2 et suiv.) que *deux génitifs ne peuvent être régis l'un par l'autre, sans que le second soit* PRÉCÉDÉ *de la particule tchi* (41-marque du génitif), *pour* qu'il n'y ait *pas d'amphibologie.*

J'ai fait observer (§ 1 A des *Exercices pratiques*) que (dans ce cas) le génitif SUIT mais ne PRÉCÈDE pas le génitif chinois.

Là-dessus, M. Pauthier m'adresse force injures, et m'accuse de lui avoir fait dire le contraire de ce qu'il a avancé; il entasse raisonnements sur raisonnements et exemples sur exemples pour prouver que le second génitif doit être *précédé* et non *suivi* de la particule *tchi.*

Avant d'entrer dans cette discussion, je ferai observer : 1° que, suivant lui (pag. 37, lig. 11), il S'AGISSAIT SEULEMENT du cas où *deux génitifs* sont placés entre un verbe et son régime direct. Il aurait dû, en conséquence, ne citer que des exemples de cette espèce. Or, aucun des exemples qu'il emprunte à Prémare ne se trouve dans ce cas ; on n'y voit ni verbe ni régime direct, entre lesquels soient intercalés *les deux génitifs* qui font l'objet de la discussion. Les deux génitifs qui s'y trouvent sont dans la dépendance d'un nominatif.

1er EXEMPLE : Le cœur DU saint homme est, au fond, le même que le cœur DES hommes DE l'univers.

2e EXEMPLE : Le caractère divin DES instructions DES anciens rois.

Ainsi ses deux exemples, tirés de Prémare, ne répondent aucunement au besoin de sa justification.

Dans le cas dont il s'agit (*Exercices pratiques*, § 1), ils sont complètement NULS, ainsi que sa RÉPONSE.

2° En citant lui-même deux exemples où deux génitifs, accompagnés de la particule *tchi* (41-marque du génitif), sont dans la dépendance D'UN NOMINATIF, il me justifie, sans s'en apercevoir, d'avoir cité des exemples où trois, quatre et cinq génitifs sont également dans la dépendance d'un nominatif, sans être accompagnés de la marque du génitif ; et cependant (p. 37) il m'accuse de *mauvaise foi* et de *déloyauté* pour avoir cité de ces sortes d'exemples.

Il avait dit (*Réponse d'août* 1841, pag. 109) que la marque du génitif *tchi* (Bas. 41) *était toujours nécessaire lorsqu'il pouvait y avoir doute sur le génitif*, et, pour le prouver, il cite des exemples de Prémare et de M. Rémusat, où le génitif est dans la dépendance, non d'un *régime direct*, mais d'un *nominatif*.

Pour démontrer que, dans ce cas, cette marque du génitif n'était pas absolument nécessaire, non seulement pour deux, mais même pour trois, quatre, cinq et six génitifs, j'avais cité :

1° *Fa-youen-tchou-lin* (4917-8858-5917-4136), la forêt DES perles DU jardin DE la loi (trois génitifs indiqués par la position) ;

2° *Tcheou-i-i-haï-tso-yao* (1187-3893-8206-4993-3626-9854), le résumé DE la mer DES explications DU I-king DE tcheou-kong (quatre génitifs indiqués par la position), etc., etc.

Je reviens au cas cité par M. Pauthier, et où il prétend que le second génitif est *précédé* de *tchi*, marque du génitif (Bas. 41), tandis que j'ai soutenu et je vais prouver que cette marque du génitif *suit*, mais ne *précède* pas le génitif.

Je ferai observer en passant, et je l'ai déjà dit plus haut, que puisque, suivant lui, il s'agissait du cas où *deux génitifs gouvernés l'un par l'autre sont intercalés entre un verbe actif et son régime direct*, il devait nous citer des exemples de cette construction.

Mais il n'a pas pu en citer un seul. Je suis donc forcé de me contenter d'un de ses exemples, où deux génitifs gouvernés l'un par l'autre sont dans la dépendance non d'un *régime direct*, mais d'un *nominatif*.

Exemple de Prémare cité par M. Pauthier : *Thien-hia-*
TCHI-*jin*-TCHI-*sin* (1798-8-41-91-41-2727), mot à mot :
Thien-hia-TCHI, « *totius orbis*, » *jin*-TCHI, HOMINUM, *sin*,
cor (le cœur, les sentiments DES hommes DE l'univers).

Quel est dans ce passage le second génitif? N'est-ce
pas *totius orbis*, DE l'univers? N'est-il pas *clair comme le
jour* que, dans cet exemple, la particule TCHI, marque de ce
second génitif, SUIT le mot *thien-hia*, l'univers, de même
que dans l'expression *totius orbis* (traduction de thien-
hia-TCHI), les finales IUS et IS, marques du génitif, SUIVENT
les radicaux *tot* et *orb*, mais ne les PRÉCÈDENT pas?

M. Pauthier s'est donc trompé complètement lorsqu'il a
voulu prouver, contre moi, que, dans le cas dont il s'a-
gissait, la particule *tchi*, marque du génitif, *précédait* le
second mot au génitif, au lieu de le *suivre*, ainsi que je
viens de le prouver plus haut.

Ainsi sa RÉPONSE est NULLE.

VIᵉ **point contesté par M. Pauthier.**

RÉPONSE NULLE.

M. Pauthier prétend (pag. 38) que j'ai écrit une ABSUR-
DITÉ en disant, en mot à mot, « introduction du commentaire DE *Lao-tseu*, (commentaire) DU docteur Sie. » Suivant
lui, *Lao-tseu* ne serait pas au génitif, et il faudrait dire littéralement commentaire SUR *Lao-tseu*.

M. Pauthier ignore, à ce qu'il paraît, qu'en chinois on
dit : le commentaire D'UN livre, dans les cas où nous dirions « le commentaire *sur* un livre. » M. le baron de
Slane m'apprend qu'en arabe on dit de la même manière : le commentaire DU Hariri, pour « le commentaire
SUR le Hariri. »

De sorte que dans l'exemple chinois on dit : « commentaire DE *Lao-tseu*, DU docteur *Sie*, » parce que dans ce cas
le nom de l'auteur d'un commentaire et *le nom du livre* sur
lequel est fait le commentaire se placent également au

génitif. Nous dirions en français, pour plus de clarté :
« commentaire SUR *Lao-tseu*, PAR le docteur *Sie*; » mais
pour un sinologue tant soit peu exercé, le mot à mot ci-
dessus ne présente pas la plus légère amphibologie, et il
ne pouvait arriver qu'à M. Pauthier de dire (pag. 38, lig.
21) que, d'après mon mot à mot, le philosophe *Lao-tseu*
est considéré comme *la chose* d'un autre, comme *la propriété* du docteur *Sie !*

Je n'ai pas besoin de montrer par des exemples que *le
nom de l'auteur* d'un commentaire se met au génitif, avant
le mot commentaire, sans marque du génitif (comme dans
Tchou-hi-*tsi-tchou*, « de *Tchou-hi* — notes réunies, » c'est-
à-dire, commentaire de *Tchou-hi*), — *cela va sans dire.*

Je vais prouver par un exemple sans réplique (et j'en
pourrais citer vingt du même genre) que l'on dit en chinois : commentaire D'UNE chose, au lieu de commentaire SUR
une chose ; et pour ne laisser au lecteur aucun doute sur
le génitif dont il s'agit, je citerai une expression chinoise,
accompagnée de la traduction mandchou, où *le génitif*
est clairement marqué par la lettre *i*, signe ordinaire de
ce cas.

On lit dans le dictionnaire *Thsing-wen-pou-weï* (liv. 1,
fol. 24, verso) : *i-tchou*, des cérémonies — le commentaire,
c'est-à-dire, en français, « le commentaire SUR les cérémonies. » En mandchou : *dorolon i edchekhen*, mot à mot :
« cæremoni*arum* commentarius, » c'est-à-dire *commentarius in cæremonias*, commentaire SUR les cérémonies.

M. Pauthier s'est donc trompé, faute d'avoir su qu'en
chinois le nom d'un livre, d'une chose, d'un auteur, avec
lesquels on construit le mot *commentaire*, se met constamment au génitif.

Ainsi sa RÉPONSE EST NULLE.

VIIe point contesté par M. Pauthier.

RÉPONSE NULLE.

M. Pauthier soutient que dans les mots *Si-youen-sien-sing* (que j'ai traduits par « le docteur de la plaine de l'ouest ; » — je reviendrai tout à l'heure sur cette expression), *Si-youen*, indiquant suivant lui *l'origine*, le lieu de la *naissance* de *Sie-hoeï* (il a écrit en tête de sa 1re livraison de *Lao-tseu : Sie-hoeï*, D'ORIGINE OCCIDENTALE), ne peut être *au génitif* en chinois ; il semble croire que, par leur position, ces mots correspondent à un ablatif latin.

Cette dénégation peut être détruite en quelques mots. Admettons, pour un instant et par impossible, que l'expression *Si-youen* (la plaine de l'ouest) signifie *origine occidentale*, et indique le pays où est né *Sie-hoeï*. Je vais prouver que, dans cette hypothèse, les mots *Si-youen*, comme tous ceux qui indiquent l'origine, la naissance d'un homme, seraient placés en chinois à un cas qui pour nous est *un génitif* et non *un ablatif*. Ainsi *Thsi-jin*, « un homme originaire du royaume de *Thsi*, » en latin : *homo* EX *regno Thsi oriundus*, répond à la traduction latine « Regni Thsi homo. » Si M. Pauthier demande comment je le prouve, voici ma réponse.

On lit dans le recueil impérial intitulé : *Kou-wen-youen-kien*, liv. VII, fol. 1, recto : *Kong-yang-tseu-ming-kao* (612-8183-2059-1142-10656), Kong-yang avait pour nom d'enfance KAO ; *Thsi-jin* (13239-91), il était originaire de *Thsi*.

On sait que les savants qui ont traduit en mandchou les livres chinois ont rendu avec une admirable fidélité non seulement le sens, mais encore le rôle grammatical des mots. Eh bien ! dans cet endroit, ils ont traduit *thsi-jin* par *Tsi-gouroun i niyalma*, c'est-à-dire *Thsi* regn-*i* homo.

On ne peut pas dire que les Mandchous rendent peut-être le *de*, indiquant *l'origine* (en latin *e, ex*), par le même

Ainsi l'on dit *Hiu-chin*, c'est-à-dire *chin*, de la famille *Hiu*, *Meng-ko*, c'est-à-dire *ko* de la famille *Meng* (c'est *Meng-tseu*). Ici l'on dit (en plaçant le nom de famille devant un nom qualificatif): *Sie-si-youen-sien-sing*, « le docteur de la plaine de l'ouest, de la famille *Sie*. » On voit, par les noms cités plus haut, dans quels cas l'on supprime le mot *chi*, famille.

Ainsi, M. Pauthier a échoué trois fois en voulant prouver:

1° Qu'ici le mot *Sie* ne peut être *au génitif* ;

2° Qu'ici *Sie* est *un nom qualificatif*, et non *un nom de famille* ;

3° Que le mot *Sie* n'étant pas suivi du mot *chi* (famille), il n'est pas besoin de sous-entendre ce mot.

Ainsi sa RÉPONSE EST NULLE.

IXᵉ point contesté par M. Pauthier.

RÉPONSE NULLE.

Dans le § 1 A des *Exercices pratiques*, j'avais blâmé M. Pauthier d'avoir rendu (en tête de sa 1ʳᵉ livraison de Lao-tseu) l'expression *Si-youen-sien-sing* (le docteur de la plaine de l'ouest) par *Sie-hoeï*, D'ORIGINE OCCIDENTALE.

Aujourd'hui, pag. 40, il dit qu'il « *n'abandonne point* cette interprétation parce qu'il n'a aucun motif suffisant de le faire. »

Je vais montrer par trois sortes de preuves que cette expression « *si-youen-sien-sing* » ne peut avoir le sens que M. Pauthier *ne consent point à abandonner*.

Premièrement. On sait que *Lao-tseu* a été commenté par plusieurs bouddhistes indiens, par exemple par *Kieou-mo-lo-chi* et *Fo-thou-tching*. J'ai donné leurs noms dans mon édition de *Lao-tseu* (page 37). M. Pauthier connaissait ce fait, et comme les Chinois désignent l'Inde par *Si-thou* (9852-1549), « la terre d'occident, » *Si-yu* (1617), « les contrées de l'ouest, » il s'est imaginé que le mot *youen*

(1064), qui signifie quelquefois *origine*, indiquait ici le lieu de la naissance de *Sie-hoeï*, et que ce mot combiné avec *Si* (9852), « occident, » l'autorisait à donner au commentateur en question une *origine occidentale*, c'est-à-dire *une origine indienne*.

Or, nous voyons, dans la première préface de l'édition de *Lao-tseu-tsi-kiaï*, que *Sie-hoeï* était originaire de la ville de *Po*, où était né le philosophe *Lao-tseu* (dans le district de *Kou-hien*), lieu qui fait partie aujourd'hui du département de *Koueï-te-fou*, dans la province de *Ho-nan*.

Ainsi *Sie-hoeï* n'était point originaire *des contrées occidentales* ou *de l'Inde*.

Secondement. En chinois, la combinaison de *si* (9852), « ouest, » et de *youen* (1064), signifie constamment *plaine de l'ouest*, *plaine située à l'ouest*, *plaine occidentale*, et non *origine occidentale*.

1er EXEMPLE. On lit dans les Annales des *Song* (Mémoire sur les Rites) : Sous la dynastie des *Han*, à la fin de la période *kien-'an*, l'empereur *Wou-ti* publia un décret relatif aux morts, dans lequel on remarque le passage suivant : Les anciens enterraient toujours les morts dans un terrain aride et stérile. Ils établissaient les tombeaux dans *une plaine située à l'ouest* (du lieu qu'avait habité le défunt) (*Si-youen-chang-weï-cheou-ling*—9852-1064-7-5595-1769-11303).

2e EXEMPLE. On lit dans les Annales des *Thang*, biographie de l'empereur *Kao tsou* : Dans le 11e mois de la 8e année de la période *Wou-te*, au jour *sin-mao*, l'empereur alla à *I-tcheou*, et chassa dans *la plaine de l'ouest*, c'est-à-dire dans *la plaine située à l'ouest* de *I-tcheou* (*lie-iu*-SI-YOUEN-5861-3829-9852-1064).

On trouvera plus bas, après *le dixième exemple*, de nouveaux exemples de *youen*, signifiant *plaine*, dans des cas absolument semblables à celui dont il s'agit.

3e EXEMPLE. On lit dans le Dictionnaire *P'ing-tseu-louï-pien*, liv. 115, fol. 39 (le poète *Pe-kiu-i* dit) : « D'un pas tranquille, je pris la route de *la plaine de l'ouest* (*si-youen*), » c'est-à-dire de *la plaine située à l'ouest* (de la ville où il demeurait).

Troisièmement. Il est fort rare que les auteurs chinois ajoutent leur nom ordinaire au titre d'un ouvrage (*chou*-4019), ou du *recueil* de leurs œuvres (*tsi*-11890). En général ils ajoutent, par exemple au mot *tsi* (recueil, collection), le nom du lieu dans lequel ou près duquel ils ont résidé et composé leurs écrits, sans indiquer soit le chef-lieu, soit la province où se trouve la montagne, la maison de campagne, la plaine, le village, la rivière ou le ruisseau, etc., dont le nom précède le titre de leurs écrits ; et *c'est là une des plus grandes difficultés de la bibliographie chinoise.*

Nous voyons dans l'introduction mise en tête du commentaire de *Lao-tseu*, par *Sie-hoeï*, que *Wang-san-te* aimait à lire, du matin au soir, les ouvrages que ce savant avait composés dans un lieu distant de la ville de Po *du cri d'un bœuf*, c'est-à-dire de l'intervalle que peut parcourir le cri d'un bœuf (je reviendrai sur cette locution). Or, comme parmi ces ouvrages, il en est un intitulé *Si-youen-tsi*, mot à mot : *le Recueil de la plaine de l'ouest*, c'est-à-dire composé *dans la plaine de l'ouest*, nous sommes autorisé à en conclure que cette *plaine de l'ouest* était précisément le lieu où était l'habitation de *Sie-hoeï*, distante de la ville de *Po*, du cri d'un bœuf, c'est-à-dire de l'espace que peut parcourir le cri d'un bœuf. C'est par suite de cette circonstance que *Sie-hoeï* se désigne lui-même par les mots *Si-youen-sien-sing*, mot à mot : *le docteur de la plaine de l'ouest*, c'est-à-dire qui a composé ses écrits dans une plaine située à l'ouest (de *Po*).

Voici des exemples de cette manière de parler. Je cite de préférence ceux où le nom d'un lieu, d'une montagne, d'une rivière, est précédé du mot *si*, ouest.

1er EXEMPLE. Dans la grande édition du Catalogue de la bibliothèque de l'empereur *Khien-long*, nous voyons (liv. 153, fol. 11) que le recueil des œuvres de *Tchin-keou* est appelé *Si-khi-tsi* (9852-5139-11890), « la collection de la vallée de l'ouest. »

2ᵉ EXEMPLE. *Ibid.*, liv. 162, fol. 6, les œuvres de *Ong-kiouen* portent le titre de *Si-yen-tsi* (9852-2377-11890), le recueil *du rocher escarpé situé à l'ouest*.

3ᵉ EXEMPLE. *Ibid.*, liv. 162, fol. 14, *Tchin-te-sieou* appelle ses œuvres *Si-chan-wen-tsi* (9852-2275-3783-11890), le recueil des compositions littéraires *de la montagne de l'ouest.*

4ᵉ EXEMPLE. *Ibid.*, liv. 169, fol. 44, *Sun-pen* appelle ses œuvres *Si-'an-tsi* (9852-9017-11890), le recueil *du couvent de l'ouest.*

5ᵉ EXEMPLE. *Ibid.*, liv. 171, fol. 20, *Chi-kien* appelle ses œuvres *Si-thsun-tsi* (9852-4090-11890), « le recueil du village de l'ouest. »

6ᵉ EXEMPLE. *Ibid.*, liv. 173, fol. 29, *Mao-ki-ling* appelle ses œuvres *Si-ho-wen-tsi* (9852-4896-3783-11890), « le recueil des compositions littéraires *de la rivière de l'ouest.* »

7ᵉ EXEMPLE. *Ibid.*, liv. 173, fol. 26, *Song-hong* appelle ses œuvres *Si-p'o-louï-kao*, « les mélanges littéraires de *la digue de l'ouest.* »

8ᵉ EXEMPLE. *Ibid.*, liv. 175, fol. 22, *Tseng-ki* appelle ses œuvres *Si-ye-tsi*, « le recueil de *la cabane de l'ouest.* »

9ᵉ EXEMPLE. *Ibid.*, liv. 175, fol. 30, *Hiong-tchi* appelle ses œuvres *Si-kien-tsi* (9852-5237-11890), « le recueil du *torrent de l'ouest.* »

10ᵉ EXEMPLE. *Ibid.*, liv. 179, fol. 44, *Teng-youen yo* appelle ses œuvres *Si-leou-tsi* (9852-4466-1190), « le recuèil *du pavillon de l'ouest ;* » etc., etc.

Autres exemples de *Youen* (3829), signifiant *plaine*, dans un cas absolument semblable à celui de *Si-youen-tsi*, le recueil de *la plaine de l'ouest.*

1° Dans le grand Catalogue cité plus haut, on voit, liv. 176, fol. 22, que *Wang-weï* appelle ses œuvres réunies *Nan-youen-tsi* (1010-3829-11890), « le recueil de *la plaine du sud.* »

5.

2° *Ibid.*, liv. 176, fol. 67, *Thou-kiang* appelle ses œuvres complètes *Tong-youen-tsi* (4108-3829-11890), « le recueil de *la plaine de l'est.* »

3° *Ibid.*, liv. 177, fol. 19, *Sou-yeou* appelle un de ses ouvrages *Ko-youen-wen-thsao* (7222-3829-3783 8936), « les ébauches littéraires de *la plaine des grains.* »

4° *Ibid.*, liv. 176, fol. 50, on appelle les écrits de *Thaï-kin*, *Lou-youen kao* (13051-3829-7220), mot à mot : les brouillons de *la plaine des cerfs.*

Il résulte de tout ce qui précède que l'expression *Si-youen* signifie bien *la plaine de l'ouest*, lieu situé à une petite distance de *Po* (littéralement *à la distance du cri d'un bœuf*, c'est-à-dire l'espace que parcourt le cri d'un bœuf), où *Sie-hoeï* composa ses ouvrages, et non *l'origine occidentale*, *l'origine indienne* de cet auteur.

Ainsi LA RÉPONSE DE M. PAUTHIER est NULLE.

X^e point contesté par M. Pauthier.

RÉPONSE DOUBLEMENT ERRONÉE.

Il rend le mot *wan*, sur le tard, c'est-à-dire dans un âge avancé, par « *le soir* d'un jour, » et l'expression *Kiu-i-nieou-heou*, être éloigné *du cri d'un bœuf*, c'est-à-dire de la distance que parcourt le cri d'un bœuf, par *rencontrer un bœuf*.

Pour exprimer en chinois une petite distance, on dit *le cri d'un bœuf* (c'est-à-dire l'intervalle que parcourt le cri d'un bœuf), comme, en d'autres langues, on dit *la portée d'une flèche*, *la portée d'une fronde*, *une portée de fusil*. On emploie, au figuré, l'adverbe *wan*, vulgo « le soir » (vespere) pour dire « dans la dernière période de la vie, » *sur le soir de la vie*, c'est-à-dire dans la vieillesse. (Dictionnaire de l'Académie, dernière édition).

Ces observations préliminaires étaient nécessaires pour l'intelligence de ce qui va suivre.

Dans la préface que *Sie-hoeï* a placée au commencement

de son commentaire de *Lao-tseu*, il nous apprend que *sur le soir* (de sa vie), c'est-à-dire *dans sa vieillesse*, il lut le *Tao-te-king* de *Lao-tseu*, et prit goût à cet ouvrage : OUAN-*to-lao-tseu-eul-hao-tchi* (3924-12286-8281-2059 8292-1849-41).

Wang-san-te nous apprend, dans son introduction, qu'il avait une telle estime pour les compositions de *Sie-hoeï*, qu'il lisait assidument, *du soir au matin,* les quatre ouvrages que ce lettré avait composés SUR LE SOIR (de sa vie), c'est-à-dire dans sa vieillesse, dans un lieu ÉLOIGNÉ DU CRI D'UN BOEUF (de l'espace que parcourt le cri d'un bœuf), de la ville de *Po* (*Ouan-jen-kiu-po-i-nieou-heou-ti-sien-sing-so-weï*, etc., 3924-5466-10662-88-1-5643-1175-1557-580-6155-41-3211-5595).

Ces ouvrages étaient : 1° *Si-youen-tsi*, « le recueil de *la plaine de l'ouest*, » c'est-à-dire le recueil des écrits composés par *Sie-hoeï*, *dans la plaine de l'ouest* (où était son habitation), éloignée de la ville de *Po*, DU CRI D'UN BOEUF.

2° *Khao-kong-tsi-yo-yen-i-tchou*, c'est-à-dire le livre posthume renfermant le résumé des œuvres de *Sie-hoeï*, qu'on désignait par l'expression *Khao-kong*, parce qu'il occupait, dans le tribunal de la magistrature, la charge de *Khao-kong-lang-tchong*.

3° *Ou-king-tsien-choue*, c'est-à-dire explications familières des cinq livres canoniques.

4° *Ta-ning-tchaï-ji-ki*, c'est-à-dire extraits faits, jour par jour, dans *le cabinet de la grande quiétude* (c'était le nom qu'il avait donné à son cabinet d'étude).

Tout le monde sait que le style des préfaces est en général d'une grande difficulté. C'était une raison pour que M. Pauthier n'entendît rien de l'introduction de *Wang-san-te*, dont il a la prétention de citer quelques extraits pour me combattre.

Maintenant que le lecteur est bien au courant du sens figuré de *wan* (vulgo *le soir*) , *sur le soir* (de la vie), dans la vieillesse, et de *kiu-i-nieou-heou-ti*, « pays distant du

cri d'un bœuf, » il sentira combien est fausse et ridicule
l'explication que M. Pauthier a tirée de ce passage. Laissons-le parler lui-même (page 41) :

« Voici à quelle occasion *Wang-san-te* attribue *à Sie-*
« *hoeï* l'origine de son surnom (il fallait dire attribue l'ori-
« gine du surnom de *Sie-h.*) : « EN REVENANT SUR LE SOIR
« (*vespere*) A PO, UN BŒUF MUGIT (PROBABLEMENT EN L'APER-
« CEVANT) ; *c'est de cet endroit, de ce lieu que le maître a été*
« *surnommé* (littéralement *est devenu*) *Si-youen, c'est-à-*
« dire de *la source occidentale.* » (En tête de sa 1re livraison de *Lao-tseu*, il avait écrit : *Sie-hoeï, d'origine occiden-*
tale, voulant dire par là qu'il le croyait *d'origine indienne*).

« Ce n'est pas que j'admette, ajoute M. Pauthier, la
« raison de *Wang-san-te* (c'est-à-dire LA RENCONTRE D'UN
« BŒUF SUR LE SOIR !!!) ; *elle est trop frivole pour cela.* »

Si j'avais écrit une telle phrase (et il y en a plus de cinquante de la même force dans sa traduction des douze
pages examinées par moi), M. Pauthier n'aurait pas manqué de m'accabler d'injures grossières, comme il le fait à
chaque page de sa réponse. Les faits parlent plus haut
que des injures ; il me suffit de les exposer aux lecteurs.

Ai-je besoin de dire en terminant cet article que *sa ré-*
ponse est doublement erronée?

XIe point contesté par M. Pauthier.

INTERPRÉTATION ERRONÉE.

Je reprends une partie du passage précédent où M. Pauthier a commis plusieurs fautes très graves, et dont l'examen aurait détourné l'attention des lecteurs, des deux
points que je voulais établir, relativement aux mots « *sur*
le soir (de la vie), et à *la distance du cri d'un bœuf,* c'est-
à-dire l'espace que peut parcourir le cri d'un bœuf. »

Wang-san-te, auteur de l'introduction mentionnée plus
haut, cite quatre ouvrages que *Sie-hoeï* avait composés :
Sien-sing-so-weï, (opera) *quæ composuerat Sie-hoeï ;* — (Il

faut ici un point ₀), savoir 1° *Si-youen-tsi*, le Recueil *de la plaine de l'ouest*, etc., etc.

M. Pauthier, qui n'est nullement en état d'entendre le style difficile des préfaces, a coupé, après la 2ᵉ syllabe, l'expression *Si-youen-tsi* (le Recueil *de la plaine de l'ouest*) et a construit ensemble les mots *so-weï* (qu'il a composés) et *si-youen* (plaine de l'ouest), sans s'embarrasser de ce que deviendrait le mot TSI, Recueil.

De cette manière, au lieu de traduire : *les ouvrages qu'il a composés* (*so-weï*), savoir *si-youen-tsi*, la collection de la plaine de l'ouest, etc., etc., il a écrit : « C'est de ce lieu qu'il en a été surnommé (littéralement *est devenu*) SI-YOUEN ! »

M. Pauthier a commis en cet endroit trois erreurs graves :

1° Il a rendu le mot *kiu*, « être distant » (comme nous l'avons vu plus haut), par *rencontrer* (un bœuf).

2° Il a cru que *so-weï* « qu'il a faits, composés (les ouvrages), » signifiait : *Ce par quoi il est devenu.* — En chinois *ce par quoi* se dit *so-i* (3211-115).

3° Il construit avec *weï* (composer — un livre) le mot *Si-youen*, plaine occidentale, qui est au génitif, dans la dépendance du mot *tsi*, « collection » (la collection de la plaine occidentale), et en a fait un titre (pag. 41, liv. 2) : « il est devenu (!-*weï*) le maître SI-YOUEN ! etc. »

XIIᵉ point contesté par M. Pauthier.

RÉPONSE NULLE.

M. Pauthier prétend (pag. 39) que j'ai fait une faute étrange en traduisant *Sien-sing* (580-6155) par le *docteur* (*Sie-hoeï*), au lieu de dire «LE MAÎTRE,» expression, ajoute-« t-il, dont les disciples se servent presque toujours en « parlant de leur *maître*. »

M. Pauthier ignore, à ce qu'il paraît, que le mot français *docteur* signifie quelquefois : *celui qui donne des en-*

seignements, *le maître* (Dictionnaire de l'Académie française, dernière édition).

Mais ce n'est point dans le sens rigoureux de *maître* (en anglais *teacher*), que j'ai employé ici le mot *docteur*, car les Chinois donnent souvent le titre de *Sien-sing* à un homme dont ils n'ont point reçu de leçons, ou qui n'a pas obtenu le grade de docteur, mais qu'ils respectent à cause de son savoir.

Nous voyons, dans le Dictionnaire de l'Académie française, que le mot *docteur* s'applique pareillement *à un homme* DOCTE, sans qu'on veuille faire entendre par là qu'il ait la qualité de *maître* (professeur) ou *de docteur gradué*.

Ainsi s'évanouit la prétendue faute grave que m'impute M. Pauthier.

XIIIᵉ point contesté par M. Pauthier.

RÉPONSE NULLE.

Nous avons vu plus haut (10ᵉ *point*, 4°) que *Sie-hoeï* avait composé un ouvrage intitulé *Ta-ning-tchaï-ji-ki*, c'est-à-dire : « le Mémorial des extraits quotidiens *du cabinet de la grande quiétude*, » ou des extraits littéraires que *Sie-hoeï* avait faits chaque jour, dans *son cabinet* d'étude qu'il appelait *Ta-ning-tchaï*.

On connaît le goût des Chinois pour la symétrie et le parallélisme, et leur habitude de construire des membres de phrase d'un même nombre pair de syllabes. Par suite de cet usage, *Sie-hoeï* se désigne ainsi en tête de sa préface : *Ta-ning—Kiu-sse—Sie-hoeï*, c'est-à-dire *Sie-hoeï*, —le lettré solitaire—(du cabinet) de la grande quiétude.

On voit que s'il eût écrit « *Ta-ning-tchaï-Kiu-sse-Sie-hoeï*, » le parallélisme aurait été détruit ; la première expression aurait eu trois syllabes, et les deux suivantes deux syllabes. C'est donc évidemment pour conserver la symétrie qu'il a supprimé le mot *tchaï* (cabinet d'étude).

Dans les *Exercices pratiques* (§ 22 D), j'avais démontré

que l'expression *kiu-sse* (2240-1759) était indivisible, et qu'elle signifiait « un sage qui vit dans la retraite, littéralement *un lettré* RETIRÉ ; » et cette interprétation était confirmée par cette définition de Morrison (*Dict. chin.*, part. II, n° 9636), « *a* RETIRED *gentleman*, one who disregards gain and the pursuits of ambition. »

Il était évident qu'ici le mot *kiu* (2240), *vulgo habitare, morari*, est un verbe au participe présent, et non un substantif signifiant *un lieu, une demeure*.

M. Pauthier n'en persiste pas moins à soutenir (pag. 39) que dans *kiu-sse* (lettré solitaire) le mot *kiu* signifie la DEMEURE, et que par conséquent cette expression veut dire le *lettré* DE LA DEMEURE (de la grande tranquillité), au lieu de « le *lettré* RETIRÉ, *le lettré* SOLITAIRE du cabinet de la grande quiétude. »

Mon interprétation de *lettré* RETIRÉ, c'est-à-dire lettré vivant dans la retraite, lettré solitaire, est encore confirmée, 1° par cette définition du dictionnaire de Basile, n° 1759 : *kiu-sse, qui* DOMI MANENS *virtutem colit;*

2° Par cette définition du dictionnaire *P'in-tseu-tsien* : Celui qui reste à la maison pour s'occuper avec sincérité et avec ardeur de son avancement (moral ou littéraire) s'appelle *kiu-sse*. Parmi les plus célèbres, on cite, 1° *Weï-mo-kiu-sse* (7896-3575-2240-1759), le lettré solitaire *Weï-mo*. Comme M. Pauthier veut absolument que, dans *kiu-sse*, le mot *kiu* signifie *la demeure*, il ne manquerait pas de prendre le nom propre *Weï-mo* pour *un nom d'habitation*, et il traduirait : *Le lettré* de LA DEMEURE appelée Weï-mo !

On cite 2° (dit encore le *P'in-tseu-tsien*), *Long-*KIU-SSE (13289-2240-1759), c'est-à-dire le *lettré solitaire* LONG.

M. Pauthier prendrait encore le nom propre *Long* pour *un nom d'habitation*, et il traduirait : Le lettré DE LA DEMEURE appelée LONG ! !

Quoique ces définitions des dictionnaires de Morrison, de Basile et du dictionnaire *P'in-tseu-tsien* démontrent victorieusement que *Kiu-sse* est une expression indivisible signifiant *un lettré* RETIRÉ, *un lettré vivant dans la retraite*, et non *le lettré* DU LIEU, DE L'HABITATION, DE LA DEMEURE, je vais citer des exemples chinois qui achèveront de mettre hors de toute contestation le sens de *lettré retiré* (c'est-à-dire lettré *vivant dans la retraite*).

1er EXEMPLE. On lit dans le grand catalogue de la bibliothèque de *Khian-long*, liv. 157, fol. 15, que *Sun-ti*, qui vivait sous les *Song*, avait appelé le recueil de ses œuvres : *Hong-khing*-KIU-SSE-*wen-tsi* (12933-3032-2240-1759-3783-11890), « le recueil *du lettré solitaire* (du palais) de la grande félicité. »

Le catalogue ajoute : Il avait été exilé dans le palais nommé *Hong-khing-kong* (12933-3032-2128) ; c'est pourquoi (*kou*-3735) ses compositions littéraires (*khi-wen*-618-3783) sont appelées (*tch'ing*-7210) *Hong-khing*-KIU-SSE-*wen-tsi*, « le recueil des compositions littéraires DU LETTRÉ SOLITAIRE (du palais) de la grande félicité ! »

Le lecteur voudra bien remarquer qu'ici l'on a retranché ou sous-entendu le mot *kong*, palais, devant *Kiu-sse* « le lettré retiré, vivant dans la retraite, » de même que dans *ta-ning-kiu-sse* on a retranché ou sous-entendu *tchaï*, « cabinet, » —le lettré solitaire (du cabinet) *de la grande quiétude.*

M. Pauthier soutient (pag. 45) qu'on n'a *rien retranché, rien sous-entendu*, et que le mot *tchaï*, cabinet d'étude, a été remplacé par *kiu* (2240), LIEU, PLACE où l'on demeure.

On voit qu'il persiste à couper en deux l'expression indivisible *kiu-sse*, et à rapporter *kiu* (qu'il rend par *demeure*) à un mot précédent.

2e EXEMPLE. Même catalogue, liv. 157, fol. 19, le recueil des œuvres de *Ou-kho* est appelé *Thsang-haï*-KIU-SSE-*tsi*, mot à mot : « le recueil du lettré solitaire de *Thsang-haï*, ou de la mer cachée. »

Le même ouvrage nous apprend que *Ou-kho* avait établi sa demeure auprès de la rivière *Lieou-jou* (*lieou-jou-chouï-p'ang*-846-4855-4836-3833). *Thsang-haï* (9266-4993), ou la mer cachée, est une expression figurée pour désigner la rivière *Lieou-jou*.

En analysant KIU-SSE, comme M. Pauthier, nous arriverions à ce mot à mot : le lettré DE LA DEMEURE de la mer cachée, c'est-à-dire *qui* DEMEURE DANS *la mer cachée !*

Nous l'avons vu en effet (pag. 39 et 45) soutenir qu'ici *kiu* signifie *lieu, place* ou L'ON DEMEURE (il traduit : *le docteur* DE LA DEMEURE *de la grande tranquillité*) !

3ᵉ EXEMPLE. *Ibid.*, liv. 162, fol. 26, *Lieou-hio-ki* est désigné par les mots *fang-chi-kien*-KIU-SSE (.3826-3909-11662-2240-1759), c'est-à-dire *le lettré solitaire* (de la salle appelée) *fang-chi-kien.*

Le même catalogue nous apprend en effet que, *dans l'hôtel où il résidait*, il y avait une salle appelée ainsi : (*kouan-yeou-thang*-12383-4028-1633-*youeï-fang-chi kien*-413-3826-30909-11662).

C'est pourquoi, ajoute-t-on (*ibid.*), on le désignait par les mots *fang-chi kien*-KIU-SSE, « le lettré solitaire—de la salle *fang-chi-kien.* »

4ᵉ EXEMPLE. *Ibid.*, liv. 167, fol. 2, l'auteur *Youen-kho-kio* est designé par son nom honorifique *Thsing-yong* (5065-2138), c'est-à-dire *pur et indulgent*, auquel on ajoute l'expression *kiu-sse*, le lettré RETIRÉ (surnommé) *thsing-yong*, c'est-à-dire pur et indulgent. M. Pauthier traduirait le lettré DE LA DEMEURE *de la pureté* et *de l'indulgence*, c'est-à-dire, suivant sa manière d'analyser *kiu-sse*, le lettré *qui demeure* dans la pureté et l'indulgence !

5ᵉ EXEMPLE. *Ibid.*, liv. 175, fol. 33, *Siao-tse* est désigné par l'expression *chang-yo-kiu-sse* (2208-7752-2240-1759), «le lettré *retiré, solitaire*, estimant, aimant la quintessence, le résumé, » c'est-à-dire qui aime à résumer les connaissances renfermées dans les livres. M. Pauthier traduirait (en supposant qu'il entendît l'expression difficile *chang-yo*, estimer le résumé) : le lettré DE LA DEMEURE, qui estime la quintessence (des choses).

6ᵉ EXEMPLE. *Ibid.*, liv. 174, fol. 26, *Ngeou-yang-sieou*, célèbre écrivain de la dynastie des *Song*, donne à ses œuvres complètes, en 50 livres, le titre de KIU-SSE-*tsi* (2240-1759-11890), c'est-à-dire, la collection (des œuvres) *du lettré* SOLITAIRE (par excellence). Ici M. Pauthier serait tout-à-fait réduit au silence, car l'expression KIU-SSE n'étant précédée d'aucun autre mot, il n'oserait traduire : « *le lettré* DE LA DEMEURE ; » ce qui ne signifierait absolument rien.

J'avais recueilli beaucoup d'autres exemples de *kiu-sse* (LETTRÉ RETIRÉ, c'est-à-dire, *vivant dans la retraite*) ; mais ceux que j'ai cités suffisent grandement pour prouver : 1° que cette expression est indivisible, qu'elle offre un sens absolu, complet et indépendant des mots qui précèdent *kiu*, lorsqu'elle est en construction avec d'autres mots placés au génitif (comme dans *si-youen-kiu-sse*, le lettré solitaire de la plaine de l'ouest), ou au nominatif (comme dans KIU-SSE-*tsi*, la collection du *lettré retiré, solitaire* (par excellence).

2° Qu'elle veut dire uniquement : *le lettré* RETIRÉ, c'est-à-dire QUI VIT DANS LA RETRAITE, et que par conséquent on ne peut la traduire, en aucun cas, par *le docteur* DE LA DEMEURE, comme le veut M. Pauthier, puisque, d'après les définitions de trois dictionnaires chinois et les nombreux exemples rapportés ci-dessus, *kiu* est ici un verbe au participe présent, signifiant : domi-manens, domi-vivens (dictionnaire de Basile, n° 1759).

XIVe point contesté par M. Pauthier.

RÉPONSE NULLE.

Dans mon *Examen critique* (§ 22), j'avais blâmé M. Pauthier d'avoir traduit : « *Ils se retirent les jambes croisées dans la demeure de la grande tranquillité* (ou monastère bouddhique). »

Je laisse de côté sa traduction : *Ils se retirent les jambes croisées..*, au lieu de ILS FONT deux retraites (j'adopte la leçon *tso* « ils font » (173), qu'il lit dans le texte du *kou-kiu-thou-chou*), pour m'occuper uniquement des mots *liang* (609) DEUX, et *ngan-kiu*, retraites (2102-2240).

Par le mot *retraite*, j'entends ici « *l'état d'une personne qui s'est retirée du monde pour vaquer pendant un certain temps à des exercices de piété.* » (Dictionnaire de l'Académie française).

Dans le premier passage du même auteur (§ 22), ces deux retraites durent également trois mois.

La première dure pendant les trois mois appelés *antérieurs*, et correspond, en Chine, au temps qui s'écoule depuis le 16e jour de la 5e lune jusqu'au 15e jour de la 8e lune.

La deuxième dure pendant les trois mois appelés *postérieurs*, et correspond, en Chine, au temps qui s'écoule depuis le 16e jour du 6e mois jusqu'au 15e jour du 9e mois.

Ainsi il y avait bien *deux retraites distinctes*, liang-ngan-kiu.

Dans sa première réponse (sept.-oct. 1841, pag. 350), M. Pauthier a cherché à soutenir sa première interprétation, et à montrer que les mots *tso-liang-ngan-kiu*, «ils font DEUX retraites, » signifient *s'asseoir les jambes croisées* dans LA DEMEURE DE LA GRANDE TRANQUILLITÉ ou dans UN MONASTÈRE BOUDDHIQUE ! »

Ainsi, il ne tient aucun compte de *liang*, DEUX (retraites), et prétend que *ngan-kiu* veut dire un *monastère bouddhique.* Aujourd'hui (pag. 43 à 48), il soutient encore sa première interprétation, en assaisonnant ses raisonnements de déclamations et d'injures ; mais, suivant son habitude, il n'apporte aucune définition chinoise, aucun exemple pour prouver que *ngan-kiu* signifie un *monastère bouddhique*, et que d'après l'analogie, l'usage et la saine logique, cette expression doit être substituée à celle de *retraite*, ou *faire la retraite*, dans les passages que j'ai cités. (*Exercices pratiques*, § 22.)

Je vais les reprendre, et, après les avoir traduits correctement, j'essaierai, pour l'édification des lecteurs, de faire usage de l'expression *monastère bouddhique*, dans les cas où, suivant sa position, le mot *ngan-kiu* est un verbe neutre (être en RETRAITE) ou substantif (LA RETRAITE).

J'ai déterminé de la manière suivante les cas où *ngan-kiu* est un verbe neutre, ou bien un substantif, et j'en ai donné des exemples authentiques.

Cas où *ngan-kiu* est un verbe neutre (ÊTRE EN RETRAITE).

Dans les ouvrages bouddhiques, l'expression *ngan-kiu* est un verbe neutre, et signifie *être en retraite, rester en retraite*, toutes les fois qu'elle est précédée d'un nom de personne, d'un sujet.

1er EXEMPLE. *Si-yu-ki*, liv. x, fol. 3, v. : A l'ouest du royaume, au sud du fleuve *King-kia* (du Gange), j'arrivai à une petite montagne isolée. Jadis Bouddha y *resta en retraite* pendant trois mois.

En rendant ici *ngan kiu* par *monastère bouddhique*, comme le veut M. Pauthier, nous aurions cette traduction inintelligible et insignifiante : Jadis Bouddha — MONASTÈRE BOUDDHIQUE — trois mois !!

Indépendamment du *non-sens* que forme ici l'expression MONASTÈRE BOUDDHIQUE, on voit qu'il faut absolument un verbe après le sujet *Bouddha*.

2° On sait de plus qu'il n'y avait point et qu'il ne pouvait y avoir alors de *monastères bouddhiques*, ces sortes de bâtiments n'ayant été construits dans l'Inde que bien longtemps après le *Nirvana* de *Fo* (Bouddha). Cf. *Si-yu-ki*, liv. 10, fol. 18, *r*.

2° EXEMPLE. On lit dans la préface de l'ouvrage bouddhique *Pi-khieou-kiaï-pen-sou-i*, fol. 1 : Dans ce temps-là, Bouddha, voyageant dans le royaume de *Sou-lo-po*, s'y arrêta et s'y MIT EN RETRAITE (*ngan-kiu*) pendant les trois mois de l'été.

Avec la traduction de M. Pauthier nous aurions cette phrase : Il s'y arrêta et MONASTÈRE BOUDDHIQUE pendant les trois mois de l'été !!

3° EXEMPLE. *Fo-koue-ki*, fol. 3, *r*., l. 6 : Quand il fut arrivé au royaume de *Hoeï*, IL SE MIT EN RETRAITE (*ngan-*

kiu). M. Pauthier trouverait ce sens : « Quand il fut arrivé au royaume de *Hoeï*, MONASTÈRE BOUDDHIQUE !! »

Cas où *ngan-kiu* est un substantif et signifie *retraite*.

L'expression *ngan-kiu* a le sens de *retraite religieuse* toutes les fois qu'elle est précédée d'un verbe actif ou neutre.

1er EXEMPLE. *Si-yu-ki*, liv. 1, fol. 12 : Tous les religieux bouddhistes *entrent* en RETRAITE (*ji ngan-kiu*, 600-2102-2240).

2e EXEMPLE. Même page : Ils quittent (mot à mot, ils délient, ils se dégagent de, *kiaï*, 9914) LA RETRAITE.

Dans ces deux exemples, il s'agit de *la retraite religieuse* que l'on commence, où l'on entre à une certaine époque. et qui dure trois mois.

3e EXEMPLE. *Si-yu-ki*, liv. X, fol. 18, *r.* : Le jour où ils ont cessé, fini LA RETRAITE (*païngan-kiu-ji*-8163-2102-2240), ils sont élevés au rang d'*Arhan*.

4e EXEMPLE. *Si-yu-ki*, liv. 9, fol. 14, *r.* : A cette époque-là, on était au 15e jour de LA RETRAITE : *chi-ji*-NGAN-KIU-*thsou-chi-ou ji-ye*-3909-3914-2102-2240-764-993-69-3864-53). En adoptant le sens de M. Pauthier, nous aurions cette phrase : Cette époque était le 15e jour DU MONASTÈRE BOUDDHIQUE !!

5e EXEMPLE. *Pi-khieou-kiaï-pen-sou-i*, liv. 1, fol. 58. *r.* Quand LA RETRAITE d'été fut finie (*hia-ngan-kiu-king*-1780-2102-2240-7366), Bouddha permit aux religieux mendiants (*Bhikchous*) de recevoir des vêtements d'été.

Avec la traduction de M. Pauthier, nous aurions cette phrase : LE MONASTÈRE BOUDDHIQUE d'*été* étant fini, Bouddha permit, etc. !

6e EXEMPLE. Même ouvrage, *ibid.* Lorsque LA RETRAITE D'ÉTÉ n'est pas encore terminée (*hia-ngan-kiu-ouei-ouan*-1780-2102-2240-4061-2104), et qu'il reste encore dix jours (de retraite à faire), etc. M. Pauthier trouverait ce sens : Lorsque LE MONASTÈRE BOUDDHIQUE d'*été* n'est pas encore terminé, etc. !

7ᵉ EXEMPLE. *Fo-koue-ki*, fol. 3, *v*., l. 6. *La retraite* étant achevée (*ngan-kiu-i-tchi*-2102-2240-2395 4650), etc., etc.,

8ᵉ EXEMPLE. *Ibid.*, fol. 39, *r*. l. 9. A la fin de *la retraite* d'été (*hia-ngan-kiu-mo*-1780-2102-2240-4062), on alla au-devant de *Fa-hien*. M. Rémusat avait beaucoup approché du sens religieux de *ngan-kiu* : A la fin du *repos* d'été, dit-il (*Fo-koue-ki*, pag. 363), on alla à la rencontre de *Fa-hien*. Avec l'interprétation de M. Pauthier, on arriverait à ce non-sens : A la fin du MONASTÈRE BOUDDHIQUE d'*été*, on alla au-devant de *Fa-hien* !

Définition chinoise de *ngan kiu*, tirée de l'Encyclopédie japonaise.

On a vu par les exemples qui précèdent que l'expression *ngan-kiu* était le verbe *être en retraite*, ou le substantif *retraite* (*religieuse*), suivant qu'elle était précédée d'un sujet ou d'un verbe.

Quoique les explications que j'ai données plus haut aient suffisament déterminé le sens de *ngan-kiu*, en voici une dernière qui est décisive. C'est une glose chinoise tirée de l'Encyclopédie japonaise, que les rédacteurs de cet ouvrage ont cru devoir ajouter en note, pour fixer le sens de notre expression. Mais, dans le cas dont il s'agit, elle est précédée d'un sujet (*les religieux*) et, par conséquent, elle est, par sa position, le verbe neutre ÊTRE EN RETRAITE. *Encycl. jap.*, liv. IV, fol. 18 : « Pendant 90 jours (ou 3 mois), ils *restent en retraite*), *Khieou chi-ji-ngan-kiu*- 51-993-3864-2102-2240). » *Glose*, ibid. : NGAN-KIU signifie KIN-TSO (7054-7623), mot à mot en latin *cohibere* (*suos*) *pedes*, c'est-à-dire « être sédentaire. »

J'avais cité (*Exercices pratiques*, pag. 188) deux exemples qui expliquent bien cet état sédentaire.

1° Dictionnaire *P'ing-tseu-louï-pien*, liv. 22, fol. 14, *v*. : Les observances du printemps sont passées. *La retraite d'été* est déjà commencée; comment oserais-je, contrai-

rement aux instructions des livres saints, braver la chaleur et *sortir pour aller au-devant de vous?*

2º *Peï-wen-yun-fou*, liv. 81, fol. 49, *v.* : « Je vois avec
peine que vous *ne sortez pas de votre maison.* Vous res-
semblez à un religieux bouddhiste qui *reste en retraite.* »

Conclusion.

Il résulte des exemples cités et de la glose de l'Encyclopédie japonaise que *ngan-kiu* signifie, suivant sa position, *être en retraite*, ou *la retraite*, et que, dans aucun cas,
on ne peut lui donner le sens de MONASTÈRE BOUDDHIQUE,
ainsi que le soutient aveuglément M. Pauthier. S'il eût eu
réellement raison d'adopter cette acception, il n'aurait
pas manqué de montrer que, dans tous mes exemples, il
fallait la substituer à celle de *rester en retraite*, ou *de retraite.*

Je l'ai essayé plusieurs fois pour la satisfaction de
M. Pauthier, et nous avons vu quels sens ridicules ou insi-
gnifiants résulteraient de cette substitution. En second lieu,
si cette acception eût été fondée, il aurait dû, ce semble,
nous citer un certain nombre de passages authentiques,
propres à établir ce fait d'une manière irrécusable, à
prouver que mes définitions sont fausses, et que je me suis
trompé dans chacun des passages que j'ai cités.

Il ne l'a point fait, *parce que cela était impossible.* Était-
ce bien la peine d'écrire, à ce sujet, sept pages de déclamations dénuées de preuves et semées d'injures?

XVᵉ **point contesté par M. Pauthier**.

NULLE PREUVE CONTRADICTOIRE.

On lit dans le texte d'*Hiouen-thsang* (*Exercices pratiques*, § 8) : Alors les flambeaux *succèdent* (au jour) —*ye-
tcho-sse-ki*-1790-5556-3814-8160.

Il est évident que, dans ce passage, le mot *ki* est un

verbe (succéder), puisqu'il est précédé d'un sujet (*les flam-beaux*), et termine le sens.

J'avais cité les exemples suivants où *ki* est également un verbe ; seulement il est verbe actif, parce qu'il est suivi d'un régime direct.

1er EXEMPLE. *Si-yu-ki*, liv. 6, fol. 18 : les flambeaux et les torches *continuent le jour* (*ki-ji*-8160-3864).

2e EXEMPLE. *Si-yu-ki*, liv. XI, fol. 3 : les torches brillantes *continuent le jour (ki-ji)*.

3e EXEMPLE. *Fen-louï-tseu-kin*, liv. 26, fol. 6 : brûler de la graisse et de l'huile pour *continuer le jour (ki-ji)*.

Morrison, *Dict. chin.*, part. II, n° 6814, cite la même expression *ki-ji*, et la rend, comme moi, par (*to*) *continue the day*, « continuer le jour. »

J'avais blâmé M. Pauthier d'avoir rendu les mots *ye-tcho-sse-ki* (les flambeaux alors succèdent — au jour) par : une *succession* de lumières artificielles.

De cette manière 1° il construisait au génitif le mot *ye-tcho*, « flambeaux, » sujet du verbe *ki*, « succéder à. »

2° En rendant *ki* par une *succession de*, il altérait gravement le sens de la phrase, car « s'éclairer par une *succession* de lumières artificielles, » c'est « s'éclairer avec des flambeaux qu'on remplace *successivement* et *les uns après les autres*, dès qu'ils sont consumés. »

L'idée exprimée par M. Pauthier est donc fort différente de celle que renferme l'expression chinoise *sse-ki* (les flambeaux), *alors succèdent* au jour, c'est-à-dire remplacent le jour, tiennent lieu du jour.

M. Pauthier (pag. 49) s'est dispensé de citer aucune autorité, de rapporter aucune raison pour justifier son interprétation : « *une succession* de lumières artificielles. »

XVIᵉ point contesté par M. Pauthier.

RÉPONSE NULLE.

Le texte du § 96 (*Examen critique*) est ainsi conçu :

Weï-tch'eou-thsaï (4061-6418-2393), lorsqu'ils ne sont pas encore rétablis, c'est-à-dire guéris (*il y a ici, dans l'édition impériale, un* ₀ *ayant la valeur d'une virgule*),

Fang-naï-eul-yo (3826-39-12352-9283), ALORS ils prennent des médicaments.

J'avais signalé ici deux fautes graves de M. Pauthier. J'avais dit que 1° il avait traduit le mot qui suit *tch'eou* (convalescere) par *envoyer un exprès dans* ;

2° Qu'il avait rendu l'adverbe *fang* (3826), *alors*, par *le pays* (*envoyer un exprès dans le pays!*).

M. Pauthier répond aujourd'hui (pag. 50) que le mot *thsaï* (2393), étant lu *tchaï* (et *c'est le cas*, selon lui !), signifie ici *legare, nuncius* (Basile, n° 2393). Il cite aussi le Dictionnaire de M. Callery : errare, falsum, *mittere, legare.* « J'ajouterai, dit-il, que les *exprès*, envoyés par l'empereur de la Chine, dans la province de Canton, pour empêcher l'introduction de l'opium, prennent tous dans leurs proclamations le titre de *Khin-tchaï* (4616-2393), signifiant *envoyés, délégués de l'empereur*, et jamais *guérir l'empereur.* »

Je vais montrer que cette réponse est à la fois ridicule et sans valeur. Avec un tel système, et en ne tenant aucun compte des circonstances dans lesquelles un mot est employé, et des mots qui le précèdent et le suivent, il n'y a pas de contre-sens et d'erreur qu'on ne pût justifier.

Dans toutes les langues, et surtout en chinois, le sens qu'on donne à un mot doit être déduit non-seulement de l'analogie et de l'usage qu'en font les auteurs, mais encore de sa position dans la phrase où il se trouve.

Il est vrai que le mot *thsaï* (2393) signifie quelquefois étant prononcé *tchaï*, « mittere, legatus »; mais comme il se prend aussi (Cf. *Peï-wen-yun-fou*, liv. 69, fol. 19) pour le mot *ts'aï* (6406), qui signifie ordinairement *convalescere, sanitatem recuperare*, toutes les fois qu'il se trouve combiné avec un verbe ayant ce sens, et C'EST ICI LE CAS (le mot précédent *tch'eou*-6418 ne signifie pas autre chose que *convalescere*), il confirme et corrobore le sens du

6.

verbe précédent, et ces deux syllabes *tch'eou-ts'aï* signifient alors infailliblement : *entrer en convalescence, se rétablir, recouvrer la santé.*

Il est un autre moyen, aussi sûr, et j'oserai dire aussi
infaillible de reconnaître les cas où le verbe en question
signifie *seul* CONVALESCERE, « guérir, recouvrer la santé. »
C'est de lire les mots qui précèdent ce verbe. S'il a pour
sujet une personne citée comme ayant été malade, ou un
mot chinois signifiant *maladie, infirmité, un défaut moral*,
dans le premier cas, il veut dire *se rétablir, recouvrer la
santé*; dans le second cas, guérir (en parlant d'une maladie), se corriger (en parlant *d'un défaut*).

1ᵉʳ EXEMPLE. Annales des *Tsin*, Biographie de l'impératrice *Kou-heou*. L'impératrice était naturellement
cruelle. Un jour elle frappa d'un coup de lance une con-
cubine qui était enceinte. L'empereur fut sur le point de la
déposer. *Tchao-ts'an* lui dit: « L'impératrice est encore
jeune. La jalousie est un défaut naturel à la femme.
Quand elle sera plus âgée, elle s'en corrigera infailliblement » (littéralement : *elle s'en guérira*) : *tch'ang-tang-tseu-
thsaï* (11629-6232-6406).

Nous voyons dans le dictionnaire *Peï-wen-yun-fou*,
liv. 69, fol. 17, que *ts'aï* (2393) se prend pour *tsaï*-6406
(*convalescere*). Le dictionnaire classique *Hiouen-kin-tseu-
weï* le donne comme synonyme du mot *tch'eou* (6418), *convalescere*. Or ce mot *tch'eou*, convalescere, est précisément
celui avec lequel il est combiné ici pour signifier la même
chose, mais d'une manière plus nette et plus positive, savoir : *recouvrer la santé*. Le dictionnaire de *Khang-hi* lui
donne aussi le même sens.

2ᵉ EXEMPLE. Annales des *Weï*, biographie de *Hoa-to*.
Il y avait un *Ta-fou* qui était incommodé. *Hoa-to* lui dit :
La maladie de V. E. est très grave, *etc.*, *etc.* Sa maladie
fut aussitôt GUÉRIE (*so-hoan-tsin*-TS'AÏ-3211-2875-2200-
2393).

3ᵉ EXEMPLE. Annales des *Tsin*, biographie de *Sie-chi*:
Lorsqu'il était jeune, il lui vint à la figure des ulcères

qu'on essaya en vain de guérir. Dès lors il se tint caché. Mais pendant une nuit un animal vint lécher son mal. Dès qu'il eut léché ses ulcères, ils *guérirent* sur-le-champ : *Souï-chi-souï-*TS'AÏ (11851-8711-11851-2393).

4ᵉ EXEMPLE. Annales des *Thsi,* biographie de *Hiao-i* : « Il soigna la maladie suivant la prescription du vieillard, et sa mère *recouvra la santé: Mou-*TS'AÏ (4767-2393).

5ᵉ EXEMPLE. Annales de la Chine méridionale, biographie du prince *Youan*: Lorsqu'il était âgé de quelques années, son père étant tombé malade, il ne dormait ni le jour ni la nuit, et voulait absolument rester à ses côtés. Les domestiques l'ayant pressé de se coucher pendant quelque temps, il répondit : Comme S. E. (c'est-à-dire, mon père) *n'est pas encore rétablie (weï-*TS'AÏ-4061), il me serait impossible de dormir tranquillement.

Ainsi, *premièrement,* lorsque le mot *ts'aï* (2393) est combiné, *comme ici,* avec son synonyme *tch'eou* (6118), *convalescere,* ces deux syllabes ont toujours le sens de *convalescere, sanitatem recuperare,* « se rétablir, guérir. »

Secondement. Lorsqu'il a pour sujet un nom de personne, citée comme malade, ou un nom de maladie, d'infirmité (comme dans les exemples précédents), il a, quoique *seul,* le même sens que s'il était combiné avec son synonyme *tch'eou,* « *convalescere.* »

CONCLUSION. 1° M. Pauthier s'est donc gravement trompé en rendant ici par *envoyer un exprès* l'expression *tsaï* (2393) qui, combinée avec *tcheou* (convalescere), signifie infailliblement *guérir, se rétablir.*

2° Le mot en question ne peut être construit avec le mot suivant *fang* (qui signifie quelquefois *pays*), parce qu'il en est séparé par un ₀ dans l'édition impériale.

3° Lorsque *ts'aï* (2393) se lit *tchaï* et signifie, suivant *Basile* et le P. Gonçalvez, *legare, mittere* (aliquem), on dit peut-être *tchaï-jin,* « mittere hominem » (je n'en connais cependant aucun exemple ; ordinairement ce mot est précédé d'un sujet, et se prend au passif dans le sens de *être envoyé* — voir *Khang-hi*): mais je défie qui que ce soit de

trouver jamais *tchaï-fang* (mot à mot : envoyer — pays)
avec le sens d'*envoyer un exprès* — dans *un pays !*

4° Le mot *fang* (3826) signifie quelquefois *lieu, pays ;*
mais cette acception est toujours déterminée par le contexte.

Ici, au contraire, il est suivi de la particule *naï* (39),
« certe, equidem, » qui l'isole et indique qu'il faut le prendre dans le sens adverbial de *alors* (Basile : tunc), sens
qu'il a constamment lorsque, comme ici, il commence un
membre de phrase. (« Quand ils ne sont pas encore rétablis — *après sept jours de diète*), — ALORS, certes, ils prennent des médicaments. »

Je m'arrête ici, après avoir démontré, à l'aide des preuves que fournissent la lecture des auteurs chinois et la philologie, l'exactitude de ma traduction (« lorsqu'ils ne *sont*
pas encore *guéris* — ALORS ils prennent des médicaments ») et les fautes qu'a faites M. Pauthier en traduisant : ENVOYER UN EXPRÈS dans LE PAYS » pour chercher
un ingrédient — (*nota :* il n'y a aucun mot signifiant ici
« *pour chercher ,* » et celui qu'il rend par *un ingrédient,*
espèce de gâteau, est simplement le verbe *eul-12352, ore*
sumere, sorbere—medicinas).

Je terminerai par une réflexion qui n'est pas sans importance, c'est que, puisque M. Pauthier cherchait à justifier,
à sa manière, les fautes que je lui ai reprochées dans ce
§ 96, il aurait bien dû, par la même occasion, nous rapporter les définitions des dictionnaires chinois et les exemples des auteurs qui l'ont autorisé à rendre *tchong* (7206),
LES ESPÈCES (de médicaments), par *un nom propre :*
« espèce de *gâteau*, dit-il, dont la nature et l'espèce se
nomment TCHONG !! »

J'ai fait observer plus haut qu'ici il n'y a pas ombre de
gâteau, et que le mot qu'il rend ainsi est le verbe actif
eul (12352), ORE SUMERE, SORBERE — (medicinas).

XVIIe point contesté par M. Pauthier.

NULLES PREUVES CONTRADICTOIRES.

M. Pauthier cite (pag. 50) cette observation de mon *Examen critique*, § 98 : Il (M. Pauthier) a rendu le mot *hao* (9370), « pousser de grands cris, » par SURNOMMER (état qu'ils surnomment).

M. Pauthier ajoute que cette critique *se réfute d'elle-même*.

Cela était bien plus facile à dire qu'à prouver, et c'est probablement pour cela que M. Pauthier s'est dispensé de citer des autorités propres à réfuter mon observation.

Je n'aurai pas de peine à démontrer que ma critique est parfaitement fondée.

Le mot *hao* (9370) signifie quelquefois *un nom honorifique, un nom;* mais, lorsqu'il est combiné avec *ngaï* (1236), « se lamenter , » il n'a jamais le sens du verbe actif SUR-NOMMER quelqu'un ou quelque chose.

Son acception la plus ordinaire est celle de « *pousser de grands cris,* » dans un accès de joie ou de colère, ou « crier à haute voix, » par exemple, en faisant une proclamation (nuances que le contexte détermine toujours).

Il se dit aussi des oiseaux qui *chantent avec bruit* (par exemple, du coq), et des animaux qui *crient* (par exemple, des singes), etc.

Mais ici, j'ai besoin d'insister particulièrement sur le rôle du verbe *hao*, en composition ; j'arriverai enfin à la locution *ngaï-hao*, de notre § 98 (se lamenter — crier, c'est-à-dire pousser de grands cris en se lamentant).

En style ancien ou moderne, les Chinois sont dans l'usage d'associer ensemble des mots synonymes ou ayant une analogie de signification, et d'en former ainsi des expressions composées qui rendent l'idée de l'auteur d'une manière plus nette et plus précise que s'il se servait de mots monosyllabes. Ce principe s'applique aux noms, aux adjectifs et aux verbes. C'est de ces derniers que nous parlerons ici, à propos des diverses combinaisons de *hao* (9370).

1er EXEMPLE. (PEI-HAO, se plaindre — crier, c'est-à-dire pousser des cris plaintifs). *Peï-wen yun-fou chi-i*, liv. 19, fol. 7, *r*. : *Keou*-PEI-HAO (5728 2879 9370), « les chiens se *plaignent — crient*, » c'est-à-dire crient d'une manière plaintive.

2e EXEMPLE. (YOUEN-HAO, murmurer—crier) *Ibid.*, YOUEN-NAO-*tchi-ching-ouen-iu-li-jin* (2792 - 9372 - 41 - 8378 - 3829 - 11372-81) : La voix des gens qui *murmuraient—criaient*, (c'est-à-dire criaient en murmurant) était entendue des gens du village.

3e EXEMPLE. (HOU-HAO, appeler—crier). Annales des *Han*, biographie de *Tchin-tsun* : *Tcheou-ye* HOU-HAO (3928-1790-1199-9370), jour et nuit, en appelant, on poussait de grands cris, c'est-à-dire on s'appelait à grands cris.

4e EXEMPLE. (KIAO-HAO, appeler—crier), *Peï-wen-yun-fou*, liv. 19, fol. 52, *r*. : hoe-pou-tchi-KIAO HAO (3181-9-6801-1148-9370), quelques-uns ne savent pas *appeler à haute voix*. Gonçalvez, *Dictionn. Chin.-portug.* , pag. 350 , explique de même cette locution par : *gritar por otro*, appeler une autre personne à grands cris.

5e EXEMPLE. (HEOU-HAO, rugir— crier). Annales des *Han*, biographie de *Teng-hiun* : Ces barbares rougiraient de gémir et de pleurer lorsqu'ils ont perdu leur père ou leur mère. Dans cette circonstance, ils galopent à cheval en chantant et en criant à haute voix. Mais quand ils eurent appris la mort de *Teng-hiun*, il n'y en eut pas un seul qui, dans sa douleur, ne *poussât des rugissements* (mou-pou-HEOU-HAO 8975-9-1175-9370).

On dit encore YU-HAO (13315-9370) *implorer—crier*, c'est-à-dire crier en implorant, implorer à grands cris (*Peï-wen yun-fou*, liv. 9, fol. 52, *r*.), *etc., etc.*

Je passe à l'expression de notre texte *ngaï-hao* (1236-9370), se lamenter—crier, c'est-à-dire *crier en se lamentant*.

En voici un excellent exemple. *Peï-wen-yun-fou-chi-i*, liv. 19, fol. 7 : hoang-ho-chi-liu-tseu-NGAI-HAO (13111-12948-1805-220-8663-1236-9370), l'oie sauvage qui a perdu son compagnon (ce mot désigne l'oie mâle), se lamente et crie, c'est-à-dire pousse des cris plaintifs. Le texte du paragraphe 98 est ainsi conçu : « Lorsqu'un homme est mort et qu'on est près de faire les funérailles, (les parents) *se lamentent—crient*, c'est-à-dire *crient en se lamentant* (NGAI-HAO-1236-9370), etc.

C'est dans cette circonstance que M. Pauthier a traduit *hao*, CRIER, seconde syllabe de *ngaï-hao* (se lamenter—crier) par SURNOMMER (état qu'ils SURNOMMENT...) ! ! Je n'insisterai pas davantage sur la faute grave qu'a commise ici M. Pauthier, et j'aime à penser qu'après avoir lu les explications et les exemples qui précèdent, il ne sera plus tenté de dire que *mon observation se réfute d'elle-même*.

XVIIIe point contesté par M. Pauthier.

NULLES PREUVES CONTRADICTOIRES.

M. Pauthier rapporte (pag. 50) mon observation (du § 104 de l'*Examen critique*) : Il (M. Pauthier) a fait le verbe actif *proclamer* du substantif *hao* (9370), « titre honorifique. »

M. Pauthier se borne à ajouter en note que *cette critique se réfute d'elle-même*. Le lecteur pensera peut-être que M. Pauthier ne se serait pas privé du plaisir de réfuter mon observation, si cela eût été chose si facile.

On va voir tout à l'heure que ma remarque était parfaitement fondée.

Le texte du § 104 est ainsi conçu : « Quand un homme est vivant, on lui donne un titre qui rappelle ses vertus « mot à mot : vivente (homine) — constituunt — virtutis — titulum. — Après sa mort, on ne lui décerne point de nom posthume. »

Ce passage a, comme l'on voit, un sens général, et

s'applique aux hommes de toutes les conditions. M. Pauthier s'est imaginé qu'il se rapportait uniquement au *roi*.
Il a traduit : « Il (l'héritier du trône) *établit les qualités du
défunt*, *en proclamant tout haut* ses vertus, sans lui donner de *titres honorifiques posthumes* » (il fallait le singulier).

Je crois devoir reprendre ici une partie de mes premières observations.

« 1° M. Pauthier a supprimé le mot *sing* (6155), « *vi-
« vant*, » faute d'avoir vu le parallélisme des deux mem-
« bres de phrase : *quand un homme* EST VIVANT (on lui
« donne un titre qui rappelle ses vertus); *quand un homme*
« EST MORT (on ne lui décerne point de nom posthume).

« 2° Il n'a pas vu que les mots *te-hao* (2719-9370), lit-
« téralement : « de vertu — un titre, » étaient en con-
« struction et inséparables. Il a pris le génitif *te* (2719),
« *virtutis*, ou *virtutum*, pour le régime du verbe *li* (7355)
« *établir*, dont le véritable régime est *hao*, « un titre, »
« (on établit, c'est-à-dire on lui décerne *un titre*); et il a
« traduit : *il établit* les VERTUS !

« 3° Il a fait le verbe actif *proclamer tout haut*, du sub-
« stantif *hao*, titre honorifique, qui est, comme on l'a vu
« plus haut, le régime direct de *li* (7355), établir, po-
« ser (établir, c'est-à-dire *décerner* un titre qui rappelle
« les vertus de quelqu'un); il a traduit *en proclamant
« tout haut* ses vertus !

« 4° Cette faute grave nous fournit l'occasion de faire
« une observation importante. Les règles de la syntaxe
« chinoise s'opposent absolument à ce que le régime de
« deux verbes monosyllabes qui se suivent, ou, ce qui
« est la même chose, à ce que le régime d'un verbe dis-
« syllabe, *soit intercalé au milieu*. C'est ce qui arriverait
« cependant si, par impossible, dans *li-te-hao* (consti-
« tuere, dare, VIRTUTIS-titulum), ce que M. Pauthier ex-
« plique par « *établir* LES VERTUS, *les proclamer*, » le mot
« *te*, « vertus, » était à la fois le régime de *li* et de *hao*.

« Pour que ces mots signifiassent, comme le veut

« M. Pauthier, « établir et proclamer LES VERTUS, il
« faudrait qu'il y eût dans le texte *li-hao-te*, « établir—
« proclamer les vertus.» Mais, par malheur pour M. Pau-
« thier, l'expression *li-hao* n'existe pas en chinois avec
« le sens de « *établir et proclamer*. » Elle veut dire uni-
« quement « *établir, c'est-à-dire donner* UN TITRE HONORIFI-
« QUE, ainsi que nous le verrons tout à l'heure. »

Passons maintenant aux preuves qui démontrent invin-
ciblement que *te-hao* veut dire *un titre qui rappelle les vertus*,
mot à mot : *virtutum titulus*, et que *li-hao* signifie *établir*,
c'est-à-dire *décerner* UN TEL TITRE HONORIFIQUE, et non *établir* et PROCLAMER.

1ᵉʳ EXEMPLE. Annales des *Han*, biographie de *Lang-i* :
L'empereur est l'image du ciel. Quand les circonstances
le permettent, il doit publier, c'est-à-dire décerner pu-
bliquement (aux hommes éminents) des titres qui rappellent leurs vertus (et leurs services) : *i-khaï-fa-te-hao*,
(2108-11653-6482-2719-9370).

2ᵉ EXEMPLE. Annales des *Tsin*, Traité des Rites : Quand
l'empereur *Wou-ti* eut pacifié le pays de *Ou* et rétabli
l'unité de l'empire, le ministre d'état *Weï-kouan* et autres lui présentèrent un mémoire où ils disaient : Il faut
. promulguer les lois fondamentales, rendre des honneurs
à l'esprit de la montagne sacrée du centre (appelée *Song-
kao*), offrir des sacrifices à l'esprit du mont *Thaï-chan*, publier *les titres honorifiques qui rappellent les vertus* (et les
belles actions) de ceux qui ont bien servi l'état, afin d'en-
courager les autres hommes à les imiter (*fa-te-hao*-6842-
2719-9370, mot à mot : palam facere *virtutum* TITULOS).

3ᵉ EXEMPLE. *Peï-wen-yun-fou*, liv. 79, fol. 5, *v.* : Pro-
mulguez les titres honorifiques qui rappellent les vertus
(des grands hommes), *tch'ou-te-hao*-735-2719-9370— et di-
minuez les supplices et les punitions.

Ainsi donc, je crois avoir clairement établi que *te-hao*
veut dire « *un titre honorifique qui rappelle les vertus* de
quelqu'un, » et que dans cette locution le mot *hao* ne
peut signifier ici *proclamer*.

XIXe point contesté par M. Pauthier.

RÉPONSE NULLE.

Le § 13 de l'*Examen critique* commence ainsi : *Jo-khi-fong-kiang-tchi-yu-kho-te-eul-yen* (8873-618-2191-6249-41-1617-1120-2694-8292-9937), *quant aux* frontières de ce royaume , je puis les faire connaître.

M. Pauthier avait traduit : *Si l'on y comprend* toutes les contrées dont les frontières se communiquent et que l'on peut appeler...

Il y a ici plusieurs fautes graves que j'ai prouvées dans les §§ 13, 13 A, 13 B, 13 C, des *Exercices pratiques*. Pour le moment, je ne m'occuperai que de *jo* (quant à). J'ai nettement établi (*Exercices pratiques*, § 13) les cas où ce mot signifie, suivant sa position, 1° SI, et c'est *lorsqu'il est suivi d'un verbe*. Exemple : Gonçalvez , *Dict. port.-chin.* pag. 746 , jo-*tha-pou-laï* (8873-104-9-195), s'il ne VIENT PAS.

2° COMME , DE MÊME QUE; et c'est lorsqu'il indique une comparaison entre *deux situations, deux personnes* ou *deux choses*. Exemple : *Meng-tseu*, liv. 1, chap. 1, 32 : Jo-*wou-tsouï-eul-tsieou sse-ti*, (ce bœuf est) *comme* (c'est-à-dire ressemble à) un homme innocent qu'on mènerait à la mort.

3° *Jo* signifie *quant à, pour ce qui regarde* (et c'est ici le cas) lorsqu'il n'est point suivi d'un verbe, ou qu'il n'indique pas une comparaison (Cf. Prémare, pag. 177).

1er EXEMPLE. *Meng-tseu*, liv. 2, pag. 123, lin. 9; *Jo-fou-hao-kie-tchi-sse-souï-wou-wen-wang-yeou-hing* (8873-1800-10360-384-41-1759-11920-5454-3783-3883 bis-5788-8703). QUANT *aux* lettrés du premier ordre, ils peuvent encore s'élever sans l'assistance d'un *Wen-wang*.

2° EXEMPLE. *Meng-tseu*, ibid. Jo-*Yu-Kao-yao*, *tse-kien-eul-tchi*. Quant à l'empereur *Yu* et *Khao-yao*, ils ont appris cela par eux-mêmes.

3e EXEMPLE. *Meng-tseu*, *ibid.* Jo-*thang-tse-wen-eul-tchi-tchi.* QUANT A *T'ching-thang,* il a appris cela par la tradition.

Meng-tseu offre, *ibid.*, trois autres exemples semblables de *jo*, signifiant *quant à* ; je crois inutile de les citer.

Revenons maintenant au passage en question de l'*Examen critique* (§ 13) : Jo-*khi-fong-kiang-tchi-yu-kho-te-eul-yen.* QUANT AUX frontières de ce royaume, je puis les faire connaître.

Dans cet endroit, *jo* n'est point suivi d'un verbe, et, par conséquent, on ne peut le rendre par la conjonction conditionnelle *si*, comme l'a fait M. Pauthier en traduisant : « SI l'on y comprend les contrées dont les frontières, etc. » (Je ferai observer en passant qu'il n'y a dans le texte aucun verbe signifiant *y comprendre.*)

Jo n'indique pas non plus une comparaison entre *deux personnes* ou *deux choses* ; on est donc absolument obligé de le rendre par *quant à*, *pour ce qui regarde*, comme dans les cinq exemples précités de *Meng-tseu.*

Que répond M. Pauthier (pag. 50) ? « *Si* est le sens « habituel et presque constant de *jo*. J'ai cité les défini- « tions de Basile dans ma réponse ; voici celle de M. Cal- « lery (*Systema phoneticum*), n° 587 : SI, *sicut simile, etc.* »

Il est évident que cette définition générale n'est ici d'aucune valeur. Pour prouver que *jo* avait bien le sens de *si* dans notre phrase, il aurait fallu : 1° que M. Pauthier nous citât des passages authentiques, parfaitement semblables au nôtre, où *jo* voulût dire SI, quoique n'étant point suivi d'un verbe. *Mais c'était chose impossible.*

2° Il aurait dû, par la même occasion. nous démontrer que dans les cinq phrases citées de *Meng-tseu*, le mot *jo*, placé absolument comme dans le § 13, signifie SI et non QUANT A. Mais il aurait rencontré une nouvelle difficulté, c'est que, dans chacun de ces six endroits, la version mandchou donne *otchi*, après les mots *lettrés du premier ordre*, après *lu* et *Khao-yao*, après *Thang*, etc.

Or, on sait et nous lisons dans la grammaire *Mandchou*

de Conon de la Gabelenz, pag. 123, § 248, que *otchi*, mis après un mot, signifie : QUANT A, PAR RAPPORT A.

Ainsi la réponse de M. Pauthier est tout-à-fait en dehors de la question, et n'a aucune valeur.

XXe **point contesté par M. Pauthier.**

NULLE PREUVE CONTRADICTOIRE.

M. Pauthier répète ces mots de mon *Examen critique* (§ 111, 5°) :

« Il (M. P.) a divisé en deux parties le mot composé « *hao-kho* (9370-1255), CRIER et se lamenter, « et il a traduit la première syllabe *hao* (crier) par *titres honorifi- « ques !* »

M. Pauthier ajoute que cette critique *se réfute d'elle-même*.

Je n'aurai pas de peine à prouver que mon observation était parfaitement fondée. On a lu plus haut (voyez 17e *point contesté*) plusieurs combinaisons de *hao* (crier) : 1° *peï-hao*, se plaindre-*crier* ; 2° *youen hao*, murmurer-*crier* ; 3° *hou-hao*, appeler-*crier* ; 4° *kiao-hao*, appeler-*crier* ; 5° *heou-hao*, rugir-*crier* ; 6° *yu-hao*, implorer-*crier*.

Il me reste à citer des exemples de HAO-*kho*, CRIER-se lamenter.

1er EXEMPLE. *Sse-ki*, biographie de *Sun ki : Tseu-thsan* étant mort de maladie, le peuple de Tching CRIA et *se lamenta*, c'est-à-dire poussa des cris lamentables (tching-min-*hao-kho*, 11262-4822-9370-1255).

2e EXEMPLE. Annales de la Chine méridionale, biographie de *Ou-ming-tché* : Il se livrait avec ardeur à l'agriculture. A une époque de sécheresse, il pleurait et se désolait. Chaque fois qu'il allait travailler aux champs, *il criait et se lamentait* (*hao-kho*) en levant les yeux au ciel, etc.

3e EXEMPLE. *Peï-wen-yun-fou*, liv. 90, B, fol. 86, *r.* : Le Ciel et la Terre sont courroucés ; les démons et les esprits CRIENT et *se lamentent* (*hao-kho*), etc.

Il est donc bien établi, par les exemples qui précèdent, que le verbe composé *hao-kho* signifie CRIER et *se lamenter*, et qu'il n'est point permis d'en traduire la première syllabe *hao*, CRIER, par *titres honorifiques*, comme l'a fait M. Pauthier.

XXIe point contesté par M. Pauthier.

NULLE PREUVE CONTRADICTOIRE.

Le texte du § 100 de l'*Examen critique* est ainsi conçu: *Sang-ki-wou-sou* (1351-4048-5454), la durée du deuil n'est pas limitée.

En Chine, le deuil dure tantôt cinq ou neuf mois, tantôt un ou trois ans, suivant le rang du défunt on les degrés de parenté.

M. Pauthier a traduit : Le temps de *ces démonstrations* (de douleur) est indéterminé. Il a rendu *sang* (deuil) par « démonstrations de douleur, » s'imaginant qu'il s'agissait ici du temps pendant lequel les parents du mort *crient, se lamentent, déchirent leurs vêtements, s'arrachent les cheveux*, etc.

L'auteur parle, au contraire, du temps pendant lequel *on porte le deuil* dans l'Inde, et comme en Chine la durée du deuil varie suivant les conditions sociales ou les degrés de parenté, *Hiouen-thsang* fait observer que la durée du deuil des Indiens n'est pas limitée, pour montrer la différence qui existe entre leurs usages et ceux des Chinois.

M. Pauthier n'a donné (pag. 50) aucune raison, ni cité aucun passage pour justifier sa traduction de *sang ki*, « durée du deuil, » par « *le temps des* DÉMONSTRATIONS » de douleur. Ainsi mon *observation critique subsiste*.

XXIIe point contesté par M. Pauthier.

RÉPONSE NULLE.

M. Pauthier reproduit en partie (pag. 50) une de mes

critiques (§ 118) qui est ainsi conçue : « Il (M. Pauthier) a confondu deux membres de phrase distincts, et a pris le verbe *hiouen* (7981), « suspendre en haut, » c'est-à-dire ici, promettre, pour le substantif *hien* (7981), « district » (qui s'écrit de même). Il en a fait le régime direct du verbe composé *tchao-mou* (3316-908), « lever des troupes, » qui forment un sens complet, et il a traduit : « appeler aux armes LES DISTRICTS ! »

Pour toute réponse, M. Pauthier cite (pag. 50) cette définition du P. Basile (n° 7981) : « *hien*, civitas tertii ordinis. Legitur *hiuen*, suspendere, detinere. » Il rapporte ensuite une définition du dictionnaire de M. Callery où *hien* a aussi le sens de *district*.

M. Pauthier a oublié de nous dire ce qu'il faisait du mot *tchang*, récompenses (528), régime direct du verbe *suspendre*, ici, montrer de loin, promettre.

Je vais rétablir le sens du texte, et l'on verra que ma critique était parfaitement fondée. Ce n'est point répondre que de dire que *hien* a souvent le sens de *district*; il fallait montrer qu'il a ce sens dans cet endroit-ci, et que la locution *hiouen-tchang*, suspendre, c'est-à-dire montrer de loin, promettre des récompenses, n'existe pas en chinois, ou n'a pas le sens que je lui ai donné.

Voici le texte du § 118. Il se compose de huit mots, divisés en deux parties que sépare un point ₒ dans l'édition impériale.

1ᵉʳ membre.

Liang-sse-tchao-mou ₒ 11375-64-3316-908, suivant les besoins du service, *on lève des soldats* ₒ

2ᵉ membre.

Hiouen-tchang-taï-ji — 7981-528-2682-600. On promet des récompenses, et l'on attend qu'ils entrent, c'est-à-dire que les soldats viennent s'enrôler.

Le sens étant ainsi précisé, il est aisé de voir la faute

qu'a faite M. Pauthier. Il a confondu le verbe composé *tchao-mou* (lever des soldats—qui forme un sens complet) avec le mot suivant *hiouen*, promettre (des récompenses), qu'il a lu *hien* (district), et il a traduit : on appelle aux armes LES DISTRICTS !!

Je n'insisterai pas sur les fautes qui suivent et qu'il n'a point cherché à défendre. Je ferai observer seulement :

1° qu'il a rendu *tchang* (528), rétribution, récompenses (régime direct du verbe *hiouen*, promettre), par *on leur permet* (d'attendre);

2° Qu'il a rendu *taï* (2682), « *attendre* » (qu'ils viennent s'enrôler), par *attendre l'issue de la campagne !*

3° Qu'il a rendu *ji* (600), « *entrer* » dans un corps de troupes, s'enrôler, par *rentrer dans l'intérieur !*

Je passe maintenant au mot *hiouen* (7981), « suspendre, » ayant le sens de montrer de loin, promettre.

Exemples de *hiouen-chang* (7981-10478), « promettre des récompenses, » expression synonyme de celle de notre texte, *hiouen-tchang* (7981-528).

1er EXEMPLE. Annales des *Han* postérieurs, biographie de *Houan-t'an :* Il institua des magistrats pour gouverner tous les peuples de l'empire; *il promit des récompenses* (*hiouen-chang*—7981-10478), et établit des châtiments (*che-fa*—9976-8155) pour mettre une différence entre les bons et les méchants.

2e EXEMPLE. *Peï-wen-yun-fou*, liv. 52, fol. 117 : Il promit des récompenses (*hiouen-chang*), pour rémunérer les services rendus à l'état.

3e EXEMPLE de *hiouen* (7981), « *vulgo* suspendre, » signifiant *promettre*. Annales des *Heou-han*, préface du mémoire intitulé *Thang-kou-tchi-tchouen :* Si, parmi les conjurés, il y en avait quelques uns qui se fussent échappés, et qu'on n'eût pu saisir, il promettait une récompense (*hiouen-kin,* suspendebat, i. e. pollicebatur aurum, mercedem) pour la prise de chacun d'eux.

4e EXEMPLE de *hiouen* (7981), « *vulgo* suspendre, » signifiant *promettre*, en mauvaise part, c'est-à-dire « *mi-*

nari aliquid alicui. » *Peï-wen-yun-fou*, liv. 16 A, fol. 195 : *Hiouen-hing-fa* (7981-758-8155), *si l'on promet* des supplices et des châtiments, les lois pénales deviendront inutiles.

Je crois avoir suffisamment démontré que le mot *hiouen* (7981), « *vulgo* suspendre, » signifie souvent « promettre, montrer de loin, » comme dans notre passage, et que M. Pauthier s'est gravement trompé en le rendant par LES DISTRICTS.

M. Pauthier cite ensuite d'une manière ironique (pag. 50-51) deux autres critiques, sans les faire suivre de preuves philologiques propres à les réfuter ; je me dispenserai, en conséquence, de justifier ma double observation.

XXIIIᵉ point contesté par M. Pauthier.

RÉPONSE NULLE.

M. Pauthier (pag. 51) dit que (§ 138) je lui ai reproché à tort d'avoir rendu le jade *iu* (5883) par *le jaspe.* (On verra tout à l'heure que tel est le sens de mon observation, quoique j'aie écrit, par suite d'une transposition typographique : « il prend *le jaspe* pour *le jade,* » au lieu de « il prend *le jade* pour *le jaspe.* »)

M. Pauthier répond que cela n'est pas et qu'il a traduit la pierre de *iu* par *le jade.* La citation du texte même va montrer la justesse de mon observation.

Voici les mots chinois dans leur ordre :

1. *Kin* (11378), Julien : *l'or.* — M. Pauthier : *l'or.*
2. *In* (11440), Julien : *l'argent.* — M. Pauthier : *l'argent.*
3. *Theou-chi*, Julien : *le laiton.* — M. Pauthier : la pierre de *iu* ou *le jade.*
4. *Pe-yu* (6483-5883), Julien : *le jade blanc.* — M. Pauthier : *le jaspe.*

Ainsi, 1° c'est bien la pierre *theou-chi*, ou le *laiton*, que M. Pauthier a rendu par la pierre de *iu* ou le *jade.* Cette erreur vient évidemment de ce que, ne connaissant pas la

substance appelée *theou-chi*, il a donné au groupe pho-
nétique *theou*, le son *iu*, qu'il a ordinairement (Cf. Morrison, part. II, n°s 12443 et suivants.) De cette manière, au
lieu de *theou-chi*, mot à mot, la pierre *theou*, il a lu *iu-chi*,
la pierre *iu* ou le *jade*.

Sur le *theou-chi*, ou *laiton*, on peut voir l'*Encyclopédie
japonaise*, liv. LIX, fol. 13, et Rémusat, *Notices des manuscrits*, tom. XI, pag. 232, *ibid.*, n° 23.

2° On voit par la correspondance des termes employés
par M. Pauthier, avec ceux du texte, que c'est bien l'expression *pe-iu* (6483-5883), *jade blanc*, que M. Pauthier
a rendu par le *jaspe*. Suivant le dictionnaire de *Khang-hi*,
on fait du *theou-chi* artificiel en combinant, par parties
égales, *le cuivre* et *la calamine*.

Ainsi, indépendamment de la faute que M. Pauthier a
faite en rendant *theou-chi*, « le laiton, » par *le jade*, il est
bien démontré qu'il a rendu *iu*, « le jade, » par *le jaspe*.

XXIVe point contesté par M. Pauthier.

RÉPONSE NULLE.

M. Pauthier rapporte (pag. 51) mon observation, n° 9,
§ 140 : « M. Pauthier a cru que *peï*, coquilles (10408), signifiait *grand*, et il traduit *peï-tchou* « *grandes* perles. »
M. Pauthier ajoute : « *Ceci est un pur mensonge!* M. Ju-
« lien n'ignorait pas que je connaissais assez la significa-
« tion de *peï* (clef 154), pour savoir qu'elle ne signifiait pas
« ici *grand*. Ici encore, *il a voulu évidemment en imposer
« au lecteur.* »

Le meilleur moyen de faire condamner de pareilles gros-
sièretés est de citer les mots du texte dans leur ordre,
et de montrer les mots de la traduction de M. Pauthier
qui y correspondent.

Il y a en chinois (§ 140) :

Peï	*tchou*	*siao*	*tchou*
10408	5917	2203	5917
coquilles	perles	petites	perles.

7.

M. Pauthier : *Les perles grandes et petites.* Quels sont les
mots qui correspondent à *siao-tchou?* ne sont-ce pas les
mots : *les perles petites* (mot à mot *petites perles*)?

Que reste-t-il? *les perles grandes.* Si le mot *perles* répond au second mot *tchou* (perles), à quoi répond le mot
grandes? n'est-ce pas au premier mot *peï*, « coquilles? »

J'ai donc eu raison de dire qu'il avait donné au mot
peï (10408), « coquilles, » le sens de l'adjectif *grand.* J'ai
pensé que voyant citer, en second lieu, *de petites perles*,
il avait expliqué ainsi, en mot à mot, l'expression précédente : *peï-tchou* (coquilles-perles) : « *perles comme des
coquilles*, de la dimension *des coquilles*, et par conséquent
grandes perles, » et qu'il avait adopté cette expression pour
la faire correspondre à la suivante : *petites perles.*

Si M. Pauthier se fût constamment montré doué d'un
sens droit et d'une connaissance solide de la langue chinoise, c'eût été lui faire tort que de lui attribuer un tel
raisonnement; mais n'a-t-il pas fait cent fois pis, lorsqu'il
a rendu (§ 31) *lou-hing*, « ne pas porter d'habits, être nu, »
par : (des vêtements) de la FORME DE LA ROSÉE ! — (§ 69),
kouaï (transgresser — les lois) : par LA LUNE EST DANS SON
PLEIN ! —(§ 75), *ping-kho*, rendre une sentence juste, par :
une pièce de bois plate, unie et creuse au milieu (sur laquelle on place le prévenu)? etc., etc., etc., etc.

J'ai montré (*Examen critique*, § 140, n° 9) que l'expression *peï-tchou* (coquilles-perles) n'est pas correcte. D'après
le philosophe *Kouan-tseu*, liv. 12, fol. 26, et le dictionnaire *Peï-wen-yun-fou*, liv. 67, fol. 7, il faut lire *tchou-
peï*, coquilles à perles, coquilles portant des perles, coquilles où l'on trouve des perles.

Ainsi il s'agirait, dans notre texte, de deux articles de
commerce fort distincts, savoir, de *coquilles renfermant des
perles* et de *perles détachées de leurs coquilles.* Le sens de
tchou-peï, « coquilles renfermant des perles, » est bien déterminé par ce passage de *Kouan-tseu*, liv. 12, fol. 26 :

« Quand le prince choisit des hommes, il prend ceux
qui ont du mérite et laisse les autres; de même que le

pêcheur de perles recueille *les coquilles qui renferment des perles* (*tchou-peï*) et jette les autres. »

Il résulte de cette explication qu'on ne peut pas rendre l'expression *tchou-peï*, « coquilles renfermant des perles, » par : *de grandes perles*. En effet, ces coquilles peuvent renfermer des perles de diverses dimensions, puisque *les petites* en proviennent.

Ainsi tombent les injures que m'a adressées M. Pauthier à l'occasion du reproche que je lui avais fait d'avoir traduit *tchou-peï*, « coquilles à perles , » par *de grandes perles*. Il résulte en outre de la discussion qui précède, 1° qu'il avait en effet rendu l'expression « coquilles à perles » par de GRANDES *perles;* 2° que cette interprétation est erronée.

XXVe **point contesté par M. Pauthier.**

RÉPONSE NULLE.

Le texte du paragraphe 3 de l'*Examen critique* est ainsi conçu : « Les Indiens , suivant la région qu'ils habitent , donnent à leur royaume un nom particulier.

« Chaque pays a des usages différents, mot à mot *diversæ regiones, diversi mores.* »

M. Pauthier avait traduit l'expression *tchou-fang* (4699-3826), « *les pays différents,* » par *région humiliée, subjuguée, détruite* (ils appellent leur royaume)!

Dans mes *Exercices pratiques* (§ 3 A), j'ai prouvé le sens de *pays différents,* que j'ai donné à *tchou-fang* (4699-3826) :

1° Par cette définition de Morrison (*Dict. chin.,* part. 1, pag. 506, col. B, lig. 4) : « *tchou-fang, divers states,* états, royaumes divers. » Dans l'exemple cité, cette expression est le pendant de *i-yu* (6226-1617), *various regions,* « différentes régions » (various regions, divers states);

2° Par un passage du Recueil *Tchao-ming-wen-siouen,* liv. 1, fol. 14, *v.,* où le commentaire explique *tchou-fang*

(4699-3826) par *i-yu* (6226-1617), « variæ regiones, » les différentes régions ;

3° Par ce passage d'une lettre de M. Francis Davis, qui a résidé vingt-deux ans en Chine, et dont tout le monde connaît le profond savoir en chinois : « *At pag.* 8 (me dit-il « dans une lettre du 6 octobre 1841), *you have made a very* « *notable emendation : tchou-fang-i-sou,* « quot regiones, tot « usus. » Besides, it might be considered certain that no « Asiatic nation would ever call itself, « région *humiliée,* « *subjuguée, détruite.* »

C'est-à-dire : « A la page 8 (du tirage à part), vous avez « fait une excellente correction en traduisant *tchou-fang-* « *i-sou,* « quot regiones, tot usus. »

« D'ailleurs, on peut regarder comme certain qu'il n'y « a pas une nation asiatique qui voulût jamais s'appeler « elle-même : *humiliée, subjuguée, détruite !* »

4° (*Exercices pratiques,* § 3 H) Par ce passage du *Si-yu-ki,* liv. 9, fol. 19 : *tchou-fang-yo-ji-tan,* les pays différents (c'est-à-dire les hommes des autres royaumes) voulurent entrer (dans la salle) pour discuter ;

5° Par ce passage du même ouvrage, liv. 5 , fol. 5 : L'empereur des Thsin (de la Chine) pacifia tout l'empire, et ses instructions se répandirent au loin. Les *pays différents*, c'est-à-dire les hommes des pays différents, désirèrent d'embrasser ses réformes et se déclarèrent ses sujets.

M. Pauthier, ne pouvant révoquer en doute l'exactitude de ma traduction et la force de ces exemples, a cherché (pag. 52,53) à me mettre en contradiction avec moi-même en disant que, dans les exemples 4 et 5, j'ai rendu l'expression *tchou-fang* par *les hommes des pays différents,* quoique dans le passage en question (*Examen critique,* § 3), je l'eusse expliquée par *pays différents.*

Il ne s'aperçoit pas que lorsqu'on lit : « *chaque pays* a des *usages différents,* » le mot *pays* ne désigne pas *le sol, la terre, la contrée,* mais les *habitants d'un pays*, et que cette phrase signifie : « les habitans de chaque pays ont des usages différents. » De même, dans les exemples 4 , 5 , le mot *fang*, « *vulgo* pays, » désigne évidemment *les habitants d'un pays*.

Dans sa prétendue discussion, qui est semée à chaque ligne d'injures grossières, M. Pauthier oublie le point capital de la question controversée ; il oublie de prouver qu'il a eu raison de traduire *tchou-fang* (les pays différents, c'est-à-dire les habitants des pays différents) par *région humiliée, subjuguée, détruite* ! Il oublie de citer des autorités en faveur de son interprétation, et de réfuter les exemples et les définitions que j'ai cités en faveur de la mienne. M. Pauthier ne l'a point fait, ainsi SA RÉPONSE EST NULLE.

XXVIᵉ point contesté par M. Pauthier.

RÉPONSE NULLE.

Dans les *Exercices pratiques*, pag. 196 (§ 245 J), j'avais signalé une faute grave que M. Pauthier a commise (Réplique, *Journ. Asiat.* de sept.—oct., pag. 358) en traduisant *Tao-kia* (11117-2136), les auteurs *Tao-sse*, par LES FAMILLES des *Tao-sse*.

M. Pauthier revient aujourd'hui (pag. 58) sur cette traduction. « L'expression de *famille*, dit-il, a ici le sens de « *secte;* elle est prise dans l'acception que lui avaient « donnée les *saints-simoniens* en s'appelant LA FAMILLE « *saint-simonienne.* »

Ceci n'est pas exact, et je vais le démontrer par des preuves péremptoires. Ici, ainsi que je l'avais dit, le mot *kia* (2136) désigne une classe d'individus qui ont *écrit* (à différentes époques et dans des pays différents) *sur une branche particulière de littérature*, et non des individus *contemporains*, vivant en FAMILLE, et réunis par les liens d'une *secte* ou d'une *religion*.

1ᵉʳ EXEMPLE. Dans le grand catalogue de la bibliothèque de *Khien-long*, liv. 91, on donne la notice des ouvrages composés par des écrivains *de diverses époques*, dont les principes se rattachent à ceux de Confucius, et qu'on appelle *jou-kia* (515-2136), *les écrivains de l'école des lettrés*, et non LES FAMILLES *des lettrés*, ce qui serait fort différent. Leurs ouvrages sont décrits dans les livres 91-99.

2ᵉ EXEMPLE. Même catalogue, liv. 99-100, on voit la série des ouvrages les plus célèbres, composés par des auteurs qui ont écrit sur l'art militaire et qu'on appelle *Ping-kia* (618-2136), comme si l'on disait *les écrivains militaires*. M. Pauthier n'oserait, je pense, traduire: LES FAMILLES *des soldats, des guerriers!*

3ᵉ EXEMPLE. Même catalogue, liv. 101-102, on trouve la série des ouvrages relatifs à la politique et aux lois, et dont les auteurs sont appelés *fa-kia* (4917-2136 — *fa* veut dire *lois*), comme si l'on disait : *écrivains des lois*. En traduisant *kia* par FAMILLE, avec M. Pauthier, nous aurions ce sens étrange: LES FAMILLES des lois!

4ᵉ EXEMPLE. *Sse-ki*, préface de *Sse-ma-thsien:* les auteurs appelés *Fa-kia*, c'est-à-dire qui ont écrit sur les lois, sont sévères et peu bienveillants (*yen-eul-chao-ngen* — 1485-8292-2204-2839).

5ᵉ EXEMPLE. Annales des *Han*, histoire de la littérature : Les écrivains appelés *Fa-kia* sont sortis du milieu des magistrats chargés des rites. Ils croient à l'efficacité des récompenses, et regardent les châtiments comme indispensables pour seconder la pratique des rites.

6ᵉ EXEMPLE. Dans le catalogue de Khien-long, liv. 102, nous voyons la description des ouvrages composés par les auteurs qu'on appelle *nong-kia* (10990-2136—*nong* veut dire *agriculture*), c'est-à-dire par les auteurs *qui ont écrit sur l'agriculture*, et non par LES FAMILLES *des agriculteurs!*

7ᵉ EXEMPLE. Même catalogue, liv. 103-105, nous voyons la description des ouvrages composés par les auteurs qu'on appelle *i-kia* (11345-2136 — *i* veut dire *guérir*), c'est-à-dire *qui ont écrit sur la médecine*, et non LES FAMILLES des médecins!

8ᵉ EXEMPLE. Même catalogue, liv. 150-154, on fait connaître les auteurs qui ont écrit dans le style appelé *Siao-choue* (2203-10094 — littéralement *tenuis loquendi modus*), et qu'on nomme *Siao-choue-kia*, comme si l'on disait : les écrivains du dernier rang. Il est évident que ce serait un non-sens de dire LES FAMILLES *du bas style !* Je profiterai de cette occasion pour rectifier une erreur qu'on trouve dans plusieurs bons ouvrages, à propos du *siao-choue*. Ce n'est point, ainsi qu'on le dit ordinairement, *le langage familier et vulgaire*, comme le style des lettres, des ro-mans modernes, etc. C'est du style ancien, quant à la forme, mais dont le sujet, le ton et l'expression manquent de gravité, de noblesse et d'élévation. Ce qui prouve que ce n'est point du style moderne, c'est que (suivant le grand catalogue de *Khien-long*, liv. 140, fol. 1) les pre-miers écrivains de cette classe ont paru sous l'empereur *Wou-ti* de la dynastie des *Han* (140-134 avant J.-C.). Ce qui distingue particulièrement ces sortes d'écrits, c'est la fiction, les récits mêlés de faits merveilleux et surnatu-rels, les contes populaires, etc. L'époque des *Thang* a été la plus féconde en ouvrages de ce genre.

9ᵉ EXEMPLE. Même catalogue, liv. 146-147, on décrit les ouvrages des auteurs appelés *tao-kia* — 11117-2136, c'est-à-dire qui ont écrit sur le *Tao*, « *la Voie*, » base de la doc-trine de *Lao-tseu*. C'est cette expression qui est l'objet de la présente discussion. Il est évident qu'on ne pourrait traduire ici *Tao-kia* par LES FAMILLES, LA SECTE des *Tao-sse*, comme le veut M. Pauthier. En effet, les auteurs *Tao-sse* dont on fait connaître les ouvrages sont, par exemple : *Lao-tseu, Kouan-in-tseu, Lie-tseu, Tchouang-tseu, Wen-tseu, Lieou-hiang, Pao-pou-tseu, T'ao-hong-king, Thang-chi-ho*, etc. Je n'ai pas besoin de faire observer qu'on ne pourrait désigner ces écrivains par les mots « FA-MILLES des *Tao-sse*,» expression générale qui s'appliquerait indistinctement à tous les membres de la secte de *Lao-tseu*.

Ainsi, la faute de M. Pauthier est parfaitement démon-trée, et *sa réponse est nulle.*

XXVIIᵉ point contesté par M. Pauthier.

RÉPONSE NULLE.

(Position ordinaire, position exceptionnelle de deux adjectifs, soit après deux substantifs, soit après deux adjectifs ou deux verbes auxquels ils correspondent.)

Ordinairement l'adjectif se place avant le substantif auquel il se rapporte. Prémare, pag. 47, CHEN-*sing*, un BON naturel.

S'il est placé après un substantif, il devient un verbe neutre qu'on rend en français par le verbe auxiliaire et un adjectif : Prémare, pag. 47, *jin*-NGO-*ye*, l'homme EST MÉCHANT.

Ordinairement, lorsque deux adjectifs suivent deux substantifs auxquels ils se rapportent, le premier adjectif se rapporte au premier substantif, et le second adjectif au second substantif. Si ces mots réunis forment un sens complet, ces deux adjectifs deviennent deux verbes neutres, dont chacun se traduit en français par un adjectif et l'auxiliaire *être*. Exemple : *Thien-ti-hiouen-hoang*, mot à mot : Ciel-terre-bleu-jaune ; c'est-à-dire le ciel *est bleu* et la terre *est jaune*. (Ces quatre mots sont le commencement du *livre des mille mots*.)

Mais cette règle est soumise à une exception très importante que personne n'avait signalée avant moi. (*Exercices pratiques*, pag. 225-228).

« Il y a en chinois, avais-je dit, des épithètes mono-« syllabes qui vont ensemble et dont les éléments ont « une place invariable, comme *to-chao*, « nombreux et « rare ; » *kao-hia*, « haut et bas ; » *hao-taï*, « bon et mau-« vais. » On ne dit pas en chinois : *chao-to*, « rare et « nombreux ; » *hia-kao*, « bas et haut ; » *taï-hao*, « mauvais « et bon. »

J'ajouterai qu'on dit en chinois : *tch'ang-toen*, «long et court, » et non *toen-tch'ang* (6811-11629), « court et long ; »

thsing-tcho (5065-5282), « pur et impur, » et non *tcho-thsing*, « impur et pur ; » *thsing-wen* (5065-5140), « frais et chaud, » et non *wen-thsing*, « chaud et frais ; » *chin-tsien* (5061-5067), « profond et superficiel, » et non *tsien-chin*, « superficiel et profond. »

« Toutes les fois donc que deux épithètes de cette na-
« ture, qui deviennent verbes par position, se rapportent
« à deux substantifs dont la disposition est également
« invariable, les écrivains chinois aiment mieux déroger
« à l'usage exposé ci-dessus (le seul que connaisse M. Pau-
« thier), et font alors rapporter le premier (adjectif de-
« venu) verbe au second substantif, et le second (adjectif
« devenu) verbe au premier substantif. »

Aujourd'hui, M. Pauthier nie et cherche à tourner en ridicule (pag. 68-69) l'exception dont il s'agit : il conteste l'application des deux exemples que je cite, et soutient qu'ils rentrent dans la règle générale. Enfin il prétend que *j'imagine à plaisir des règles et des exceptions aussi bizarres qu'inutiles.*

Je vais donner de nouvelles preuves, et, si M. Pauthier persiste dans son obstination aveugle à nier le fait grammatical le plus palpable, j'ai la conviction que non seulement les sinologues, mais même les personnes instruites, étrangères au chinois, reconnaîtront l'exactitude de la transposition exceptionnelle dont je parle.

On lit dans le dictionnaire *Ping-tseu-louï-pien*, liv. 238, fol. 38 : *In-yang-thsing-tcho* (11797-11809-5065-5282), mot à mot : le principe *in*—le principe *yang*—pur—impur, c'est-à-dire « le principe *in* est-impur et le principe *yang* est-pur. » Il est évident en effet, 1° que le premier adjectif *thsing*, « pur, » qui devient par position le verbe neutre *être-pur*, se rapporte au second substantif *yang*, le principe *yang*.

2° Que le second adjectif *tcho*, « impur, » qui devient par position le verbe neutre *être-impur*, se rapporte au principe *in*.

Pourquoi les deux adjectifs, qui servent à qualifier *les*

XXVII° point contesté par M. Pauthier.

deux principes, n'ont-ils pas été placés de manière que *tcho*, « impur, » répondît à *in*, et que *thsing*, pur, répondît à *yang*, de même que dans *thien-ti-hiouen-hoang* (ciel-terre-bleu-jaune)? Pourquoi n'a-t-on pas écrit *tcho-thsing* (impur-pur, c'est-à-dire, en vertu de la position : être impur, être pur), au lieu de *thsing-tcho* (pur-impur)? J'en ai dit plus haut la raison, et je la répéterai, c'est que l'expression *tcho-thsing*, « impur, pur, » n'existe pas en chinois.

Pourquoi, en second lieu, n'a-t-on pas écrit *yang-in*, « le principe *yang* et le principe *in* (disposition qui rétablirait la correspondance entre ces deux substantifs et les deux adjectifs *thsing-tcho*, « pur et impur »), au lieu de *in-yang*? C'est que ces deux mots ont une place invariable et que la combinaison *Yang-in*, au lieu de *In-yang*, n'existe pas en chinois.

Je croirais faire injure à l'intelligence du lecteur, si je citais encore d'autres exemples pour démontrer davantage cette exception dont M. Pauthier se moque avec tant de logique et de bon goût. Tout le monde aura compris sans peine les motifs inhérents à la nature de la langue, qui exigent que, dans certains cas exceptionnels, deux adjectifs soient placés après deux substantifs de manière que le premier corresponde au second substantif, et le second adjectif au premier substantif, tandis que, suivant la règle ordinaire, ils devraient être placés dans le même ordre que les deux substantifs, comme dans l'exemple : *thien-ti-hiouen-hoang*, ciel-terre-bleu-jaune, c'est-à-dire le ciel est—bleu et la terre est—jaune.

Je ne quitterai point ce sujet, sans montrer qu'en vertu des principes exposés plus haut (sur la combinaison invariable de certains substantifs, comme *in-yang*, ou adjectifs, comme *thsing-tcho*), il arrive assez fréquemment qu'un adjectif dissyllabe, dont chaque partie offre un sens opposé (comme *obscur* et *lumineux* — *pur* et *impur*), corresponde à deux adjectifs ou à deux verbes précédents, qui, d'après la grammaire, devraient se rapporter, le premier au premier adjectif monosyllabe, et le second au second adjectif, et qui cependant (d'après les exigences de l'usage) se rapportent, le premier au second adjectif, et le second au premier adjectif.

Voilà des observations peu connues et que M. Pauthier regarde comme *bizarres*, *inutiles* et *ridicules*, faute de pouvoir s'élever à l'intelligence des textes où elles se trouvent.

1er EXEMPLE. On lit dans le *I-king* (liv. IV), section *Hi-tse*, part. 1, fol. 1 : *Tsi-ji-iu-than* (7039-3864-3829-1734), on sacrifie au ciel sur un *autel*; *tsi-youeï-iu-khan* (7039-4027-3864-1570), on sacrifie à la lune dans une *fosse*; *i-pie-yeou-ming* (115-771-2491-3890), pour distinguer ce qui est *obscur* de ce qui est *lumineux*.

Dans cet exemple, nous trouvons *soleil-lune-obscur-lumineux*. N'est-il pas évident que le premier adjectif «*obscur*» se rapporte au second substantif *lune*, et que le second adjectif «*lumineux*» se rapporte au premier substantif *soleil*?

Pourquoi a-t-on dérogé à la construction que M. Pauthier déclare invariable? Pourquoi, en d'autres termes, n'a-t-on pas écrit : *ji-youeï-ming-yeou*, soleil-lune-lumineux-obscur?

C'est que la combinaison *ming-yeou* n'existe pas en chinois avec le sens de « *lumineux ou obscur*. »

On aurait pu encore transposer les deux premiers mots, et écrire *youeï-ji*, « *lune-soleil* » (au lieu de *ji-youeï*), et alors le mot *youeï*. lune, eût répondu à *yeou*, «obscur,» et le mot *ji*, « soleil, » à *ming*, «lumineux, » suivant la prétendue règle que M. Pauthier s'obstine à présenter comme invariable.

Pourquoi n'a-t-on pas fait cette transposition? La raison en est bien simple, c'est que cette combinaison serait contraire à l'usage reçu, qui veut que l'on dise : *ji-youeï* (soleil et lune) et non *youeï-ji* (lune et soleil).

2e EXEMPLE. On lit dans le *I-king*, liv. IV, section *Hi-tse*, part. 2, fol. 1, *r*.: *Pi-kao-ti-tch'in*, *koueï-tsien-weï* (1006-12656-115-11799-10435-10487-159), ce qui est *bas*

(la terre) et ce qui est *haut* (le ciel), ayant été mis en place, ce qui est *noble* et ce qui est *vil* eut un rang déterminé. En tartare mandchou : *tergui fedchergui faidakha de*, *ouesikhoun fousikhoun i teïsou iletoulekhebi*.

Nous voyons dans ce passage que les mots *pi-kao*, ce qui est *bas*, ce qui est *élevé* (la terre et le ciel), sont suivis de *koueï-tsien*, ce qui est *noble*, ce qui est *vil*.

De cette manière (et contrairement à la prétendue règle invariable de M. Pauthier), le premier adjectif *koueï* (ce qui est noble), se rapporte au second mot *kao* (ce qui est élevé, c'est-à-dire le *ciel*), et le second adjectif *tsien* (ce qui est *vil*) se rapporte au premier mot *pi*, ce qui est bas, c'est-à-dire la terre.

Pourquoi a-t-on dérogé à l'usage, et n'a-t-on pas écrit *tsien-koueï*, pour que le premier répondît à la *terre* et le second au *ciel*?

C'est qu'on ne dit pas en chinois *tsien-koueï*, dans le sens de *vil, noble*. (*Koueï-tsien* signifierait *anoblir* ou *estimer* ce qui est *vil*.)

Pourquoi, d'un autre côté, n'a-t-on pas écrit *kao-pi*, pour que l'expression qui désigne le ciel (*kao*) répondît à *koueï*, « noble, » et celle qui désigne la terre (*pi*) à *tsien*, vil?

C'est qu'on ne dit pas en chinois *kao-pi*, dans le sens de *haut, bas* (*kao-pi* signifierait élever ce qui est bas).

3e EXEMPLE. Dans l'Encyclopédie technologique *Thien-kong-khaï-we*, liv. 2, fol. 45, *v.*, on indique un moyen de distinguer la bonne encre (l'encre *dure*) de la mauvaise (l'encre *tendre*): c'est de prendre un fragment de chaque espèce et de le frapper avec un marteau. La bonne encre, qui a le grain serré, se divisera en un grand nombre de fragments (comme si l'on frappait sur un morceau de verre de la grosseur d'un bâton d'encre); la mauvaise, qui est composée de molécules grossières, se divisera en un petit nombre de fragments (comme si l'on frappait sur du mastic sec).

Voici les mots chinois : *i-tchouï-kiao* ₀ (115-4438-3764),

si l'on frappe (un morceau d'encre) avec un marteau ; *to-koua-fen-thsouï-kien* (1789-2165-744-8495-1635) , mot à mot par le grand nombre, ou par le petit nombre (de fragments), on distingue (l'encre) *tendre* ou *dure*.

N'est-il pas évident que le premier adjectif *thsouï*, *tendre*, répond au second mot *koua*, « petit nombre, » et le second adjectif *kien*, *dure*, au premier mot *to*, « grand nombre?» Pourquoi a-t-on dérogé à l'usage ordinaire (le seul que connaisse M. Pauthier)? C'est qu'on dit en chinois *thsouï-kien*, « tendre ou dur, » et non *kien-thsouï*, « dur ou tendre ». Il semble, d'un autre côté, qu'en laissant *thsouï-kien*, « tendre ou dur, » on aurait dû écrire *koua-to*, « grand nombre ou petit nombre, » afin que, suivant l'usage, *koua*, « petit nombre » répondît symétriquement à *thsouï*, « tendre, » et *to*, « grand nombre, » à *kien*, « dure. » Mais cela était impossible, parce qu'on ne dit pas en chinois *koua-to*, « peu-nombreux, nombreux, » au lieu de *to-koua*, « nombreux, peu-nombreux. »

Je m'arrête ici, après avoir démontré, ce me semble, *meridiana luce clarius*, la position exceptionnelle de l'adjectif signalée la première fois dans mes *Exercices pratiques*, et que M. Pauthier (pag. 68, 69) s'était obstiné à nier et à traiter d'invention bizarre et inutile.

M. Pauthier a essayé de contredire encore plusieurs de mes observations ; mais ses critiques sont si vagues, si décousues et surtout si dépourvues de preuves, que je ne veux point perdre un temps précieux que réclament mes devoirs et mes travaux, ni employer sérieusement les ressources de la philologie chinoise à *poursuivre des ombres et à combattre des chimères*.

RÉSUMÉ ANALYTIQUE

DE PLUS DE SIX CENTS

CRITIQUES ADRESSÉES A M. PAUTHIER

A L'OCCASION DE

Douze pages de chinois traduites par lui en français, et qu'il a laissées subsister dans toute leur force, soit en les passant la plupart sous silence, soit en répondant a quelques unes d'une manière fautive ou insignifiante ;

Par Stanislas JULIEN.

Habemus confitentem reum.
(Imit. de *Cicer. pro Lig.* 1).

8

AVERTISSEMENT.

M. Pauthier a publié dans le Journal Asiatique de Paris (décembre 1839 et mars 1840) la traduction d'une notice sur l'Inde (par le voyageur chinois *Hiouen-thsang*). Elle forme dans l'édition impériale 21 pages, qui, en tenant compte des blancs, se réduisent à 20 pages 4 lignes. Sur ces 20 pages, j'en ai analysé grammaticalement 12, et c'est sur ces 12 pages que roule mon *Examen critique* inséré dans le Journal Asiatique (mai 1841). En voici le détail.

1° J'ai examiné de suite les pages 14, 15, 16, 17, 18, 19, 20, 21 . . . . 8 pag. 0 lig.

2° Je ne me suis pas occupé des pages 11, 12, 13, que M. Pauthier a passées sans en avertir le lecteur 0   0

3° J'ai examiné de suite les pages 9, 10 . . 2   0

4° J'ai laissé de côté (en avertissant le lecteur) la seconde moitié de la page 6, et les pages 7, 8, dont la critique aurait occupé une place trop considérable 0   0

5° J'ai examiné les pages 1, 2, qui, en raison des blancs, ne forment que . . . . 1 page 3 lig.

6° J'ai fait peu d'attention aux pages 3, 4, 5, qui ne présentaient qu'une série de courtes définitions et un catalogue de jours et de mois, où l'on ne trouve nulle difficulté grammaticale. J'ai relevé seulement, page 3, 2 lignes ; page 5, 2 lignes, et les trois premières lignes de la page 6 qui ne pouvaient être comprises sans une connaissance solide de la syntaxe chinoise . . . . 0 page 7 lig.

TOTAL . . . . 11 pag. 10 lig.
ou 12 pages.

8.

III.

L'*Examen critique* que j'ai publié dans le Journal Asiatique de Paris (mai 1841) est divisé en 140 paragraphes. Les
§§ 1 à 31 ayant été développés de nouveau dans mon
dernier ouvrage (*Exercices pratiques d'analyse, de syntaxe*,
et de lexigraphie chinoise), dont je donnerai le Résumé
(après le § 140), je commence par récapituler ici les critiques que j'ai adressées à M. Pauthier dans les paragraphes 32-140.

L'*Examen critique* et *les Exercices pratiques* étant entre
les mains de toutes les personnes qui reçoivent le Journal
Asiatique, j'ai cru inutile de répéter les caractères chinois
qui sont l'objet de mes observations. On les retrouvera ai-
sément à l'aide des chiffres qui suivent le signe §.

§ XXXII. —1. M. Pauthier traduit l'expression *thsing-
sou*, *simple* et ennemi du luxe (homme), par *pure soie*.
POINT DE RÉPONSE (1).

— 2. Il rend le verbe *kiu*, s'attacher à, par exemple à
une vertu particulière (en anglais *to dwell in*, au figuré),
par *dans leurs demeures*. POINT DE RÉPONSE.

— 3. Il traduit *kien*, la modération, régime de *kiu*,
s'attacher à (*kiu-kien*, se borner au strict nécessaire),
par le verbe *retrancher*. POINT DE RÉPONSE.

---

(1) Les mots *point de réponse* signifient presque toujours que
M. Pauthier *a gardé le silence*. Dans certains cas, très rares, ils s'appliquent aussi aux endroits où M. Pauthier réplique à une observation
critique par une plaisanterie de mauvais goût, une injure (comme à la
page 51, ligne 1), ou une dénégation pure et simple, sans apporter aucune preuve pour me réfuter. Il est évident qu'une injure ou un démenti *n'est point une réponse*.

— 4. Il empiète sur la phrase suivante et prend l'expression *kie-pe*, propre (c'est-à-dire qui aime *la propreté*), qui en est le nominatif, pour le régime du mot *kien* (la modération) , dont il a fait le verbe *retrancher*.

POINT DE RÉPONSE.

— 5. Il traduit l'épithète *kie-pe*, propre (c'est-à-dire qui aime *la propreté*), par les mots *pures étoffes blanches*.

POINT DE RÉPONSE.

— 6. Il traduit le verbe neutre *kien-yo*, être ménager, économe, par un adverbe.   POINT DE RÉPONSE.

— 7. Il traduit *ta-kou*, les grands marchands (par opposition aux *colporteurs*), par *faire un grand commerce*. Il y a en chinois : « Les colporteurs riches et les grands marchands des villes, etc. » M. Pauthier écrit les marchands qui sont riches et *font un grand commerce*, etc.

POINT DE RÉPONSE.

— 8. Il traduit *tchouen*, bracelets, par *objets de luxe*.

POINT DE RÉPONSE.

— 9. Il croit qu'il s'agit de VENDRE *des objets de luxe*, au lieu de PORTER *des bracelets* (en parlant des marchands).   POINT DE RÉPONSE.

§ XXXIV. — 10. M. Pauthier traduit *tou-sien*, marcher nu-pieds, par ÊTRE ADONNÉ A DES FUTILITÉS !!

POINT DE RÉPONSE.

§ XXXV. — 11. Il traduit *sieou-pi*, (ils ont) un grand nez, par *ils* ORNENT *leur nez*.   POINT DE RÉPONSE.

— 12. Il traduit (*ibid.*) *ta-yen*, (ils ont) *de grands yeux*, par DE GRANDES BOUCLES PENDANTES (comme ces anneaux que certains peuples sauvages passent dans leurs narines).

POINT DE RÉPONSE.

§ XXXVI. — 13. Il traduit *kia-mo-yong*, polir, faire reluire en polissant (les ustensiles de métal), par *ajouter de l'éclat aux festins*.   POINT DE RÉPONSE.

§ XXXVII. — 14. Il traduit *yong*, saule, par *figuier de l'Inde*.   RÉPONSE NULLE.

(Voyez 1er point contesté, pag. 45.)

— 15. Il traduit l'expression *tsao-seou*, se laver les mains et la bouche, par *faire des purifications et ablutions.*
                              POINT DE RÉPONSE.

— 16. Il traduit les mots *tsao-seou-oueï-tchong*, tant qu'ils n'ont pas fini de se laver les mains et la bouche (ils ne se touchent point les uns les autres), par CES ABLUTIONS NE SONT PAS CONSIDÉRÉES COMME TERMINÉES (*tant qu'ils ne se sont pas bien frotté* et essuyé les mains).
                              POINT DE RÉPONSE.

— 17. Il traduit *wou-siang-tche-tcho*, *ne pas se toucher les uns les autres*, par *ne pas se bien frotter et essuyer les mains.*   POINT DE RÉPONSE.

§ XXXVIII. — 18. Il traduit les mots *meï-yeou-seou-niao*, chaque fois qu'ils ont uriné, par *chacun doit se plonger et se laver dans l'eau!*   POINT DE RÉPONSE.

— 19. Il rend *thou* , illinire (unguentum), appliquer en frottant (un parfum), par S'ENDUIRE LE CORPS AVEC DE LA TERRE GLAISE DÉLAYÉE!   POINT DE RÉPONSE.

— 20. Il confond deux phrases ensemble en faisant rapporter les mots *princes* et *rois* de la phrase suivante (« *Quand le prince est sur le point de sortir, les musiciens battent le tambour,* » etc.) à ceux *qui, post urinam redditam, se abluunt et unguentis liniunt.*   RÉPONSE NULLE.

(Voyez 2e point contesté, pag. 46-48).

§ XXXIX. — 21. Il passe les mots *siang-thsiu*, quand le (roi) est sur le point de sortir.   POINT DE RÉPONSE.

— 22 Il paraît avoir confondu la forme du verbe *tseou*, ici *battre* (le tambour), avec celle de l'adj. *thaï*, grand, et il traduit *tseou-kou* (PULSARE tympanum) par de GROS tambours.   POINT DE RÉPONSE.

— 23. Il n'a pas vu le rôle verbal du mot *hien* (*fides pulsare*), et l'a rendu par *des instruments à cordes.*
                              POINT DE RÉPONSE.

— 24. Il passe le mot *ko*, chanter.

POINT DE RÉPONSE.

§ XL. — 25. Il passe le mot *paï*, saluer.

POINT DE RÉPONSE.

— 26. Il passe le mot *thse*, adresser des prières (aux dieux).

POINT DE RÉPONSE.

— 27. Il rend le verbe *mo* (première syllabe de *mo-yo*, se baigner) par *ils s'oignent le corps*. POINT DE RÉPONSE.

§ XLI. — 28. Il traduit l'adverbe *tsin*, peu à peu, par *se perdre*.

POINT DE RÉPONSE.

—29. Il rend le verbe *kouang*, «s'agrandir, s'augmenter» (en parlant des mots de la langue indienne), par l'adjectif *large*, en le rapportant à *la surface* de la terre !

POINT DE RÉPONSE.

— 30. Il rend le mot *in*, se conformer à, par *la surface*.

POINT DE RÉPONSE.

— 31. Contrairement à la règle générale du génitif, lorsque le nominatif n'indique pas *une quantité* (voyez *Exercices pratiques*, § 15, A. pag. 119), il construit au génitif le mot *ti*, terre, après le mot *in* (se conformer), qu'il prend à tort pour un terme antécédent (*la surface*).

POINT DE RÉPONSE.

— 32. Il rend *jin*, hommes, régime direct du verbe *souï*, suivre, se conformer à (se plier aux besoins des hommes), par le génitif *des hommes*, qu'il insère dans la phrase suivante (connaissances subtiles *des hommes*).

POINT DE RÉPONSE.

— 33. Il rend l'adverbe *weï*, légèrement, de la phrase « être *légèrement* changé, modifié, » par *les connaissances subtiles*.

POINT DE RÉPONSE.

§ XLII.—34. Il rend l'expression *ki-yen*, noter les paroles (des rois), par *les préceptes traditionnels*.

POINT DE RÉPONSE.

— 35. Il rend le mot *chou*, écrire (les événements, *sse*), par *les livres*. POINT DE RÉPONSE.

— 36. Il rend le mot *sse*, les événements, régime du mot *chou*, «écrire, mettre par écrit,» par le mot *action* qu'il construit au nominatif et confond avec le membre de phrase suivant. (Chaque *action* de la vie a ses règles prescrites!)

POINT DE RÉPONSE.

— 37. Il divise en deux l'expression *yeou-sse*, magistrat, et rend la première syllabe par *avoir*, et la seconde par *règles prescrites*. POINT DE RÉPONSE.

— 38. Il rend le verbe *thsun*, être, y avoir (il y a des magistrats), par *être consigné dans* un livre!

POINT DE RÉPONSE.

— 39. Il rattache le verbe *thsun*, être, y avoir (il y a des magistrats), avec les mots *chi-kao*, les annales et les décrets royaux, qui sont le nominatif de la phrase suivante, et dont il fait un locatif: *sont consignés (thsun!) dans les livres de lois (chi-kao!)*. POINT DE RÉPONSE.

— 40. Il rend les mots *chi*, annales, et *kao*, décrets, par *livres de lois*. POINT DE RÉPONSE.

§ XLIII. — 41. Il rend le mot *tsiang*, événements heureux, par « *sous le point de vue des récompenses.* »

POINT DE RÉPONSE.

— 42. Il passe le mot *tsaï*, calamités.

POINT DE RÉPONSE.

— 43. Il n'a pas compris l'expression *pi-tchou*, être exposé complètement, c'est-à-dire avec tous les détails nécessaires. POINT DE RÉPONSE.

§ XLIV. — 44. Il rend *kaï*, ouvrir l'esprit à (quelqu'un — aux commençants), par *expliquer* (les obscurités).

POINT DE RÉPONSE.

— 45. Il rend *meng*, les commençants, par *les obscurités* (expliquer). POINT DE RÉPONSE.

§ XLV. — 46. Il rend les mots *ou-ming-ta-lun*, les grands traités des cinq lumières, c'est-à-dire des cinq sciences, par *les cinq lumières qui sont de grands entretiens*.

POINT DE RÉPONSE.

— 47. Il a pris le génitif *ou-ming*, DES cinq lumières, c'est-à-dire des cinq objets d'enseignement, pour le régime direct du verbe *cheou*, communiquer.

POINT DE RÉPONSE.

§ XLVI. — 48. Il rend l'expression composée *li-sou*, les calculs du calendrier (Cf. Gaubil, *Chou-king*, pag. 27), par deux mots distincts, *l'astronomie* et *les mathématiques.*

POINT DE RÉPONSE.

§ XLVII. — 49. Il rend *yen-hé*, scruter et examiner (quelque chose), par *faire connaître les épreuves judiciaires auxquelles on doit soumettre les prévenus.* POINT DE RÉPONSE.

§ XLVIII. — 50. Il rend *tchang*, 2e syllabe du verbe composé *khieou-tchang* (pénétrer à fond), par *le bien dont on peut jouir dans ce monde !* POINT DE RÉPONSE.

§ XLIX. — 51. Il considère le génitif *in-ko*, des causes et des effets, c'est-à-dire des actions et de leur rétribution (la doctrine subtile), comme le régime direct du verbe *approfondir.* POINT DE RÉPONSE.

— 52. Il rend *miao-li*, la doctrine subtile (des causes et des effets), par *les causes les plus extraordinaires et les plus merveilleuses*, ne s'apercevant pas que cette expression (*miao-li*) est en construction avec le génitif *in-ko* (des causes et des effets), c'est-à-dire des actes humains et des récompenses ou des châtiments qui en sont la rétribution.

POINT DE RÉPONSE.

§ L. — 53. Il rend le mot *kiu*, s'attacher à (une vertu), par *habiter* (un lieu). POINT DE RÉPONSE.

— 54. Il confond le mot *tching*, la droiture, avec la première syllabe de *kie-pe*, pur (dans le sens moral), et rend ces deux syllabes par *des lieux sans souillures.*

POINT DE RÉPONSE.

— 55. Il rend *pe*, seconde syllabe de *kie-pe*, pur (dans le sens moral), par *le blanc* (couleur des vêtements).

POINT DE RÉPONSE.

— 56. Il rend le mot *tsao*, *firmum animi propositum*,

firma agendi ratio, par le verbe actif *porter* (des habits).

POINT DE RÉPONSE.

§ LI. — 57. Il rend *meou-tsien*, échanger (une marchandise contre une autre), par *transactions commerciales*, et perd ainsi de vue le régime de ce verbe composé.

POINT DE RÉPONSE.

— 58. Il passe le mot *yeou*, ce qu'on a (c'est-à-dire les marchandises qu'on a), régime de *meou-tsien*, échanger.

POINT DE RÉPONSE.

— 59. Il fait une négation du mot *wou*, ce qu'on n'a pas (c'est-à-dire les marchandises dont on a besoin, et qu'on échange contre celles qu'on possède), régime de *meou-tsien*, échanger.   POINT DE RÉPONSE.

— 60. Il traduit *tcho*, courir après (le gain, en parlant des marchands), par *repousser* le gain !

POINT DE RÉPONSE.

— 61. Il construit avec *li, gain*, contrairement à la règle de position des adjectifs (qui se mettent constamment avant les substantifs auxquels ils se rapportent), les verbes *youen* et *kin* qu'il rend par *proche* ou *éloigné* (gain).

POINT DE RÉPONSE.

— 62. Il fait les adjectifs *proche* et *éloigné* (gain) des deux verbes neutres *youen*, s'éloigner, et *kin*, se rapprocher (de leur pays, en parlant des marchands).

POINT DE RÉPONSE.

§ LII — 63. Il rend le mot *tcheou*, champs, par de *génération en génération*.   POINT DE RÉPONSE.

— 64. Il passe les mots *kin-chin*, mot à mot : *ils appliquent leur personne à*, c'est-à-dire ils donnent tous leurs soins à, ils travaillent avec zèle à.

POINT DE RÉPONSE.

— 65. Il omet l'expression *thong-thsin*, former des liens de parenté par le mariage.   POINT DE RÉPONSE.

— 66. Il n'a pas compris l'expression *tchou-lieou* (littéralement *suivre un cours différent*), appliquée *figuré-*

ment aux différentes castes qui vivent séparées les unes des autres. POINT DE RÉPONSE.

—67. Il a passé les quatre mots *feï-fo-i-lou*, littéralement : Ceux qui volent et ceux qui rampent suivent une voie différente, c'est-à-dire les personnes des classes supérieures et des classes inférieures ne s'allient point, ne se marient point ensemble. POINT DE RÉPONSE.

—68. Il a passé les quatre mots *neï-waï-tsong-tchi*, les parents du côté du mari et ceux du côté de la femme.
POINT DE RÉPONSE.

—69. Il a passé les mots *min-tchong-tso*, races et castes nombreuses. POINT DE RÉPONSE.

—70. Il a passé les quatre derniers mots *nan-i-tsiang-tsaï*, il est difficile de rapporter tout cela en détail.
POINT DE RÉPONSE.

§ LIII. —71. Il passe le mot *tsouan*, usurper (le trône).
POINT DE RÉPONSE.

—72. Il applique l'expression *kiun-wang*, les rois, qui se rapporte aux *Kchatriyas*, meurtriers des princes légitimes dont le règne a précédé le leur, à *des familles royales qui ont été anéanties...* POINT DE RÉPONSE.

—73. Il rend le mot *chi*, quand, lorsque, dans le temps où, par *dans le cours des siècles.*
POINT DE RÉPONSE.

—74. Il a construit le verbe *khi*, s'élevèrent (dont le sujet est les *Kchatriyas*), avec *i-sing*, les familles différentes (c'est-à-dire étrangères à la famille des rois légitimes), expression séparée par un point de *khi* (s'élevèrent), dans *l'édition impériale.* POINT DE RÉPONSE.

—75. Contrairement à la règle qui veut que le nominatif précède le verbe, il construit *i-sing*, familles différentes (de la race des rois légitimes), avec le verbe antécédent *khi*, dont le sujet est « *les Kchatriyas.* »
POINT DE RÉPONSE.

—76. Il rapporte les mots *tching-tsun, on les appelle*

honorables, dont le sujet est les *Kchatriyas*, au locatif *i-sing*, « dans, parmi les familles différentes (de la race des rois légitimes), » et il écrit *lesquelles* (familles) *honorées et dignes de l'être !* Point de réponse.

— 77. Il rend les mots *koue-tchi-tchen-sse*, « les soldats du royaume, » qui commencent une autre phrase, par (les familles différentes) *ont suscité des guerres dans le royaume !* Point de réponse.

— 78. Il a omis les mots *kiao-hiong-pi-siouen*, ils sont tous choisis parmi les plus intrépides et les plus braves. Point de réponse.

§ LIV. — 79. Il rend le mot *nie*, état, profession, par *les grades militaires.* Point de réponse.

— 80. Il rend le mot *souï* , « aussitôt, bientôt après, » par *lorsque.* Point de réponse.

§ LV. — 81. Il rend *kong-liu* , « corps de garde du palais , » par les *forts et les casernes* (en général). Point de réponse.

— 82. Il rend *tcheou-weï*, mot à mot, « garder tout autour, » pour faire la ronde (en parlant des sentinelles), par *tenir garnison.* Point de réponse.

§ LVI. — 83. Il rend *fen-liu* , « des troupes légères, » par *marcher en corps.* Point de réponse.

— 84. Il donne aux mots *thsien-fong*, « former l'avant-garde,» le sens de ÊTRE PRÉCÉDÉ *par une avant-garde.* Point de réponse.

§ LVII. — 85. Il s'est imaginé que les sons *ya-chi-li-kiu* (*aux dents* des éléphants — on met — de tranchants éperons) étaient la transcription du mot samskrit *yàcht'ika*, armé du *yàcht'i*, ou *de la forte massue !* Point de réponse.

— 86. Il rapporte à des guerriers le mot *pi* (les éléphants) *sont couverts* (de cuirasses épaisses), et le rend par *ils sont protégés.* Point de réponse.

— 87. Il prend l'expression *kien-kia*, les cuirasses épaisses (des éléphants), pour LES ARMES OU MASSUES *des guerriers.*   POINT DE RÉPONSE.

§ LVIII. — 88. Il rend les mots *i-tsiang,* un général,
par *les uns se plaçant.*   POINT DE RÉPONSE.

— 89. Il rend les mots *cheou-khi-tsie-tou,* il en reçoit,
en a le commandement, la direction (des éléphants), par
se *tenir à une certaine distance.*   POINT DE RÉPONSE.

§ LIX. — 90. Il rend les mots *tcheou-weï,* mot à mot,
protégent (le général) de tous côtés, par *elles sont rangées
en ordre de bataille et s'étendent au loin dans les positions
qui leur sont assignées.*   POINT DE RÉPONSE.

— 90 *bis.* Il rend *fou-lun,* litt. *aider les roues* (c'est-à-
dire les pousser en saisissant les rais), par *s'appuyer sur
les chars.*   RÉPONSE NULLE.

L'expression *fou-lun* se trouve, avec le sens que je lui
ai donné, dans les Annales des *Thsi* du midi, Traité de
la musique,—hymne qu'on chante sur la frontière du
midi. Dans ce morceau poétique, le conducteur du char
de la lune donn ses ordres aux génies des étoiles qui
forment le cortége et poussent les roues du char (*fou-lun*).

M. Pauthier se moque de ma traduction, mais il ne cite
aucune autorité pour la détruire et justifier la sienne.

— 91. Il rend l'expression *hie-ko,* littéral. ils main-
tiennent le *moyeu* (locution parallèle à la précédente), par
(chars) *dont la masse est cachée, autant que possible, à l'ennemi !*   RÉPONSE NULLE.

Dans cette locution, on peut représenter la première
syllabe par *hie* (Bas. 3369—*ex utro latere aliquem adju-
vare*), comme dans notre texte, ou par *kie,* son synonyme (*Basile,* 1810), ou par *hie* (Bas. 252). Voyez *Khang-
hi,* au mot *hie* (Bas. 252). Cette expression se trouve dans
le commentaire de *Kong-yang,* sur le *Tch'un-thsieou,*
4ᵉ année de *Ngaï-kong.* Les Annales des *Han* postérieurs,
biographie de *Wang-fou,* en offrent aussi un exemple : Le
cortége des deux mariés se composait d'une file de chars
qui avaient une étendue de plusieurs *lis.* Leur voiture
était accompagnée d'esclaves à cheval, de suivants et de

domestiques qui *maintenaient les moyeux (hie-ko) de chaque côté.* Cette expression veut dire que la multitude des domestiques et suivants se pressait aux deux côtés du char et semblait soutenir les moyeux. On dit de même en français, *être porté par la foule* pour « *être pressé par une foule compacte.* » Que l'on mette à la place de mon explication celle de M. Pauthier (*dont la masse est cachée autant que possible à l'ennemi*), la phrase n'aura plus de sens.

M. Pauthier a trouvé plus aisé de plaisanter sur ma traduction, que je maintiens exacte (comme on peut le voir par les exemples cités), que de prouver, par des définitions authentiques et des exemples, celle qu'il a adoptée, et *dont l'on ne voit aucune trace dans les deux syllabes chinoises* HIE-KO.

§ LX. — 92. Il rend les mots *san-iu*, (equites) *sparsi repellunt* (hostes), par *se développer à l'opposé.*

POINT DE RÉPONSE.

— 93. Il rend *tcho-pe*, être vaincu, et *pen-ming*, « fuir pour sauver sa vie » (en parlant du général), par *forcer l'ennemi à battre en retraite.*   POINT DE RÉPONSE.

— 94. Il rend *kan*, protéger, défendre quelqu'un, par *porter les ordres.*   POINT DE RÉPONSE.

— 95. Il rend le sujet *kan-yong*, « les hommes intrépides et braves, » par *avec audace et énergie*, et fait disparaître ainsi le sujet du verbe suivant. POINT DE RÉPONSE.

— 96. Il rend l'expression *tchong-siouen*, littéralement *remplir un choix*, c'est-à-dire obtenir un *emploi* (il s'agit du rôle des gardes du corps du général), par *remplir ses devoirs.*   POINT DE RÉPONSE.

§ LXI. — 97. Il a cru que *thsien-pen*, « s'élancer, marcher impétueusement à l'avant-garde, » signifiait *étendre en avant* (un sabre).   POINT DE RÉPONSE.

§ LXII. — 98. L'expression *lun-so* signifie littéralement : *cordes qu'on fait tourner comme une roue* (*rotabiles funes*, c'est-à-dire *des frondes*). M. Pauthier rend la pre-

mière syllabe (qui a le sens de l'adjectif verbal *rotabilis*)
par *les chars*.   POINT DE RÉPONSE.

—99. *Ibid.* Il traduit le mot *so*, cordes (*funes*), par
tout ce qui en dépend.   POINT DE RÉPONSE.

—100. Il rend l'adverbe *chi*, « de génération en génération, » par « *siècle* » (les usages du).

                                    POINT PE RÉPONSE.

— 101. Il rend le verbe *si*, être accoutumé, par *les
usages*.   POINT DE RÉPONSE.

Ainsi, au lieu de dire : *ces armes leur sont familières
depuis des siècles*, il écrit : *elles sont dans les usages du siècle.*

—102. M. Pauthier termine son article du cahier de
décembre 1839, par cette phrase : *Voilà les coutumes des
Indiens relatives à l'art de la guerre.* »

§ LXIII. — Les mots *fou-khi-sou* signifient : « *quant à
leurs mœurs ;* » ils servent de transition au morceau suivant, inséré dans le cahier de mars 1840, pag. 161.

                                    POINT DE RÉPONSE.

§ LXIV. — 103. M. Pauthier rend *kiouen*, léger, par
ennemi de l'action.   POINT DE RÉPONSE.

— 103 *bis.* Il rend *ki*, prompt, emporté, par *timoré*.

                                    POINT DE RÉPONSE.

§ LXV. 104. M. Pauthier n'a pas compris le mot *iu*,
quant à (quant aux richesses), qui correspond au mot
iu, quant à (la justice), du membre suivant.

                                    POINT DE RÉPONSE.

—105. Il a cru que *wou-keou* signifiait *ne pas acquérir
par des moyens illicites*. Il ne s'est pas aperçu que, pour
cela, il fallait y joindre le verbe *te*, acquérir. L'expression *wou-keou* ne signifierait que *non illicite* (en latin).

                                    POINT DE RÉPONSE.

—106. Il a rapporté le verbe *te*, acquérir, au premier
membre de phrase, tandis qu'il appartient au second.

                                    POINT DE RÉPONSE.

—107. Il a cru que le mot *iu*, quant à (la justice, ce qui

est juste), était ici la marque de l'instrumental *par* (acquérir PAR des moyens, etc.)   POINT DE RÉPONSE.

— 108. Il rend *ycou-jang*, ici *faire des concessions* (lorsqu'il s'agit d'une demande juste), par : *avoir de la déférence et de la soumission.*   POINT DE RÉPONSE.

§ LVI. — 109. Il rend *ming-yun*, le destin de la vie future, par *une transmigration enveloppée de ténèbres.*

POINT DE RÉPONSE.

— 110. Il rapporte les mot *koueï kiu*, la ruse et la fraude, *aux occupations mondaines* (sic) *de la vie*, tandis qu'ils commencent une autre phrase.

POINT DE RÉPONSE.

— 111. Il rend les mots *koueï-kiu*, ruse, fraude (ils n'emploient ni la... ni la) par : *regarder comme de fausses et insidieuses déceptions.*   POINT DE RÉPONSE.

— 112. Il rend les mots *pou-hing*, ne point faire (*ne pas employer* — la ruse ni la fraude) , par *ils ne font point* (de déclarations publiques).   POINT DE RÉPONSE.

— 113. Il prend l'expression *ming-chi* (serments solennels), qui est au cas instrumental (*par des serments solennels*, ils confirment leur parole), pour le régime direct du verbe précédent *hing* , faire, employer (la ruse et la fraude).   POINT DE RÉPONSE.

— 114. Il croit que *weï-sin*, établir, confirmer sa parole (par des serments solennels), signifie *garder la foi promise.*

POINT DE RÉPONSE.

— 115. En déplaçant les mots *pou-hing* (ils n'emploient point — la ruse ni la fraude), M. Pauthier avance un fait qui est contraire au texte, savoir : *que les Indiens* NE FONT POINT *de serments.*   POINT DE RÉPONSE.

§ LXVII. — 116. Il rend *tching-kiao*, les instructions administratives , par *les principes politiques* et *d'éducation.*
POINT DE RÉPONSE.

— 117. Il construit au nominatif le mot *tching*, qui est au génitif (DE *l'administration* — les instructions, les

9

ordres). POINT DE RÉPONSE.

— 118. Il ne s'aperçoit pas que le mot *kiao*, instructions, ordres (qu'il met au nominatif), est ici au cas locatif (DANS les instructions administratives — ils estiment la sincérité). POINT DE RÉPONSE.

— 119. Il rend le verbe *chang*, estimer, par *dès une haute antiquité*. POINT DE RÉPONSE.

— 120. Il rend le mot *tchi*, sincérité, droiture, régime direct du verbe *chang*, estimer, par *être fixé* et *déterminé*. POINT DE RÉPONSE.

§ LXVIII. — 121. Dans l'expression *yeou-ho*, doux et sociables, il rend la première syllabe par COMME. POINT DE RÉPONSE.

§ LXIX. — 122. Il rend l'adjectif *hiong*, cruel, par *les actions perverses*. POINT DE RÉPONSE.

— 123. Il rend l'adjectif *peï*, rebelles, par *commises dans le but de nuire*. POINT DE RÉPONSE.

— 124. Il rend *kiun-siao* (la multitude des méchants) par *la société*. POINT DE RÉPONSE.

— 125. Il rend le mot *chi*, « en tout temps » (transgresser les lois), par *aux époques où*. POINT DE RÉPONSE.

— 126. Il rend le verbe actif *kouaï*, violer, transgresser (les lois), par LA LUNE EST DANS SON PLEIN ! ! ! POINT DE RÉPONSE.

— 127. Il rend l'expression *koue-hien*, les lois du royaume, par *les magistrats du royaume*. POINT DE RÉPONSE.

— 128. Il rend *jin*, laisser, par *supporter* (un supplice), POINT DE RÉPONSE.

— 129. Il rend *hing-lou*, châtiments corporels *et* mort violente, par *la peine de mort*. De cette manière et contrairement à la règle constante (lorsque le nominatif n'exprime pas *une quantité de*), il regarde le second mot *lou* comme étant au génitif. POINT DE RÉPONSE.

— 130. Il rend le mot *tchi*, ici *être classé*, *rangé*, par *dans un âge avancé*.　POINT DE RÉPONSE.

— 131. Il rejétte dans la phrase suivante les mots *jin-lun*, « dans la classe des hommes, » complément indirect du verbe *tchi*, « être rangé, » et les rend par *ceux qui ... les lois*.　POINT DE RÉPONSE.

— 132. Il construit au nominatif le génitif *jin*, des hommes (dans la classe, au nombre).　POINT DE RÉPONSE.

— 133. Il regarde le locatif *lun* (dans la classe, au nombre) comme le régime direct du mot *fan*, violer, transgresser, et le prend pour *les lois* que violent les coupables.　POINT DE RÉPONSE.

§ LXX. — 134. Il divise en deux le verbe composé *fan-chang*, « violer—blesser, » (les rites et la justice), et rejette la première syllabe *fan* dans la phrase précédente.　POINT DE RÉPONSE.

— 135. Il méconnaît la règle invariable qui (lorsque le nominatif n'indique pas *une quantité de*) exige que le génitif soit placé au premier rang et le nominatif au second (comme dans *Petri liber*), et rend *li-i*, les rites et la justice, par *les rites de la justice*.　POINT DE RÉPONSE.

— 136. Les deux syllabes *peï-ni* forment le verbe composé « se révolter contre, désobéir à. » M. Pauthier rend la première par *la perversité*.　POINT DE RÉPONSE.

— 137. (*Ibid.*) Il rend la seconde syllabe *ni*, résister, par le verbe causatif *faire agir contrairement à*.　POINT DE RÉPONSE.

§ LXXI. — 138. Il rend le mot *fang*, exiler, par *envoyer*.　POINT DE RÉPONSE.

— 139. Il rend l'expression *hoang-i*, le pays des Barbares (qui habitent au-delà des quatre frontières) par *des contrées désertes et* MALSAINES.　POINT DE RÉPONSE.

§ LXXII. — 140. Il rend le verbe *li*, juger, par *la raison de cette coutume*.　POINT DE RÉPONSE.

— 141. Il passe l'expression *tchen-thse*, obtenir l'aveu

(du crime). POINT DE RÉPONSE.

— 142. Il rend les mots *pou-kia*, ne pas infliger (la flagellation ou la bastonnade) par « ne rien *ajouter à* ». POINT DE RÉPONSE.

— 143. Il rend *khing-pou*, la flagellation ou la bastonnade, par « châtiment, » (ne rien ajouter au). POINT DE RÉPONSE.

§ LXXIII. — 144. Il passe les mots *kouan-touï*, répondre avec sincérité. POINT DE RÉPONSE.

— 145. Il rend les mots *kiu-sse*, en s'appuyant sur les faits, suivant les faits (contraires ou favorables au prévenu), par *trouver des preuves à leur charge*. POINT DE RÉPONSE.

— 146. Il rend le verbe *p'ing*, ajuster, proportionner (le degré de la punition), par *plat et uni*. POINT DE RÉPONSE.

— 147. Il rend le mot *kho*, sentence, décision, par *une pièce de bois creuse au milieu*, un INSTRUMENT DE TORTURE sur lequel (suivant lui) on plaçait les accusés !! POINT DE RÉPONSE.

§ LXXIV. — 148. Il s'est imaginé que les mots *kiu-weï* (mot à mot « en *résistant,* contredire, » c'est-à-dire *nier avec obstination*) signifiaient : si les prévenus s'opposent à ce qu'on les place sur LA PIÈCE DE BOIS PLATE, UNIE ET CREUSE AU MILIEU ! ! Voy. nº 146, 147. POINT DE RÉPONSE.

— 149. Il rend les mots *so-fan*, le crime qu'ils ont commis (s'ils nient), par *les prévenus*. POINT DE RÉPONSE.

— 150. Il rend *kouo*, faute (dans *tchi-kouo*, rougir de ses fautes), par *à un haut degré*. POINT DE RÉPONSE.

— 151. Il rend *chi*, embellir, pallier (son crime) par *se reconnaître coupable !* POINT DE RÉPONSE.

— 152. Il fait la négation *ne pas* du substantif *feï*, crime, (régime direct du verbe *chi*) pallier. POINT DE RÉPONSE.

— 153. Il a rapporté aux prévenus le mot *yo*, désirer, qui se rapporte au juge (si le juge *désire* scruter à fond la vérité des faits). POINT DE RÉPONSE.

— 154. Il rend *thsing-chi*, la vérité, la réalité des faits, par « les intentions (des prévenus). » POINT DE RÉPONSE.

— 155. Il fait régir par le verbe *khicou*, scruter à fond, le mot *sse*, « affaire, » qui commence le membre de phrase suivant. POINT DE RÉPONSE.

— 156. Il construit le mot *sse*, « affaire, » avec *siu*, exiger (dans toute affaire qui exige, c'est-à-dire où il est nécessaire de), et fait des deux caractères *ssc-siu* un mot composé qui n'existe pas en chinois, et qu'il rend par *les circonstances*. POINT DE RÉPONSE.

— 157. Il commence une phrase par les mots *'an-tche*, qui ne peuvent faire un sens. En effet, le relatif *tche*, « qui, » se rapporte au mot *sse*, « affaire, » et le mot *'an*, « sentence, » est le complément direct du verbe *siu*, exiger. POINT DE RÉPONSE.

§ LXXV. — 158. Il suppose que l'*accusé prend une pierre sous son bras et va se plonger ainsi dans l'eau*. Le texte dit au contraire que l'on met l'accusé dans un sac, et une pierre dans un autre sac que l'on attache au premier. POINT DE RÉPONSE.

— 159. Il rend le participe passif *licu*, liés attachés ensemble (sacs) par l'adverbe *immédiatement*, sens que ce mot n'a qu'en style moderne, et encore faut-il qu'il commence une phrase. POINT DE RÉPONSE.

— 160. Il passe le mot *nang*, « sac, sacs, » qu'il n'a pas compris. POINT DE RÉPONSE.

— 161. Il rend le verbe actif *tchin*, plonger quelqu'un, par «il doit aller se plonger.» POINT DE RÉPONSE.

— 162. Il ajoute que l'homme doit *rester au fond de l'eau*, jusqu'à ce que la vérité ou la fausseté soit reconnue. Il s'imagine, à ce qu'il paraît, qu'un homme *peut rester sans danger au fond de l'eau*, jusqu'à ce que son innocence ou sa culpabilité soient reconnues, quel que soit

le temps nécessaire au juge pour découvrir la vérité !
POINT DE RÉPONSE.

— 163. Il rapporte l'expression *tchin-weï*, le vrai ou le faux, à l'accusation, tandis qu'ils se rapportent à la déclaration, aux aveux du prévenu.   POINT DE RÉPONSE.

§ LXXVI. — 164. Il rend les mots *wou-in*, il n'a pas caché (la vérité), par *la culpabilité n'est pas démontrée*.
POINT DE RÉPONSE.

§ LXXVII.— 165. Il traduit le mot *thie*, fer, par *acier* (l'acier s'appelle *kang*).   POINT DE RÉPONSE.

— 166. Il rend le mot *kiu, s'asseoir*, par *marcher*.
POINT DE RÉPONSE.

— 167. Il rend l'adverbe *feou*, encore, en outre, par *à plusieurs reprises*, et le rapporte au mot qui précède, tandis que, suivant la règle ordinaire, il se rapporte au verbe suivant.   POINT DE RÉPONSE.

§ LXXVIII. — 168. Si c'est ce membre de phrase qu'il a traduit par *marcher dessus à plusieurs reprises*, on peut faire observer qu'il a passé l'expression précédente *kiu-chang, s'asseoir dessus*.   POINT DE RÉPONSE.

§ LXXIX. — 169. Les mots *hiang-yen* signifient *devant la flamme, dans la direction de la flamme* (il jette des fleurs non épanouies).   POINT DE RÉPONSE.

M. Pauthier les fait *disperser sur l'acier ardent*. Il ne s'aperçoit pas qu'au lieu de s'épanouir, ces fleurs seraient *brûlées* à l'instant même.   POINT DE RÉPONSE.

§ LXXX. — 170. Il donne aux mots *thsiu-nien*, tirer une preuve (judiciaire), le sens de *savoir par expérience*.
Le mot *nien*, preuve, est le régime direct du verbe actif *thsiu* (prendre). D'après sa position, il ne peut être construit *au cas instrumental*.   POINT DE RÉPONSE.

— 171. On pèse le prévenu *pour savoir*, d'après sa légèreté ou sa pesanteur comparée à celle de la pierre, *s'il est innocent ou coupable* (c'est ce qu'indique l'expression *thsiu-nien*, tirer la preuve), et non (comme l'écrit M. Pauthier) *pour s'assurer s'il est plus léger ou plus pesant que la pierre.* POINT DE RÉPONSE.

§ LXXXI. — 172. Les mots *peou-khi-yeou-pi* signifient *fendre la cuisse droite* de l'animal, et non *diviser l'animal par le milieu.* POINT DE RÉPONSE.

— 173. Dans la phrase suivante, on parle « d'une portion des aliments que mange le prévenu. » M. Pauthier s'est imaginé que le prévenu devait *manger immédiatement la cuisse droite* de l'animal précité. POINT DE RÉPONSE.

— 174. Le mot *sse*, il meurt, s'applique à l'animal, et non *au prévenu.* POINT DE RÉPONSE.

— 175. Le mot *sou*, « il ressuscite, se rétablit, » se rapporte à l'animal et non *au prévenu.* POINT DE RÉPONSE.

— 176. Le mot *sou*, littéralement « ressusciter, revenir à la vie, » n'a jamais signifié « *se dissiper* » (en parlant du poison). POINT DE RÉPONSE.

§ LXXXII. — 177. Le mot *lou* signifie ici *la voie* (fermer *la voie* de tous les crimes, c'est-à-dire les empêcher), et non *toute autre épreuve judiciaire.* POINT DE RÉPONSE.

— 178. Le mot *fang*, « mettre obstacle à, » s'applique ici à l'action *d'arrêter*, de *réprimer* les crimes. M. Pauthier a cru qu'il voulait dire *défendre* (d'employer) un moyen pour découvrir les crimes.
POINT DE RÉPONSE.

§ LXXXIII. — 179. L'expression *tchi-king* veut dire, mot à mot, faire parvenir, c'est-à-dire témoigner son respect. M. Pauthier rend *tchi* par NOUS ARRIVONS A.
POINT DE RÉPONSE.

§ LXXXIV. — 180. L'expression *kao-i* signifie saluer *de sa hauteur*, littéralement *de haut*, c'est-à-dire saluer de la tête sans se courber, en restant droit. M. Pauthier a rapporté à tort l'adverbe *kao* (ex alto) à l'action d'*élever les mains.* POINT DE RÉPONSE.

§ LXXXV. — 181. Il traduit *ping-kong*, incliner la tête au niveau de la ceinture, par *porter en avant horizontale-*

ment les paumes des mains. POINT DE RÉPONSE.

§ LXXXV. — 182. M. Pauthier construit le mot *tsi*, genoux, au cas locatif (*sur* les genoux), tandis qu'il est le régime direct du verbe actif *khio*, plier, dont il fait un verbe réfléchi. POINT DE RÉPONSE.

§ LXXXVI. — 183. Il rend *tch'ang-koueï*, rester *long-temps* à genoux, par *faire une profonde révérence*.

POINT DE RÉPONSE.

§ LXXXVII. — 184. Il construit au nominatif l'expression *cheou-tsi*, mains et genoux, qui est ici au cas instrumental : *manibus* et *genibus* (inniti terræ).

POINT DE RÉPONSE.

— 185. Il rend le mot *kiu*, ici *s'appuyer sur*, par *être abaissé*. POINT DE RÉPONSE.

§ LXXXIX. — 186. Il rend par LES CINQ ROUES, l'expression *ou-lun*, les cinq parties arrondies, savoir les deux coudes, les deux genoux et le sommet de la tête.

POINT DE RÉPONSE.

§ XC. 187. Il rend par « *le front, les deux joues et les deux mains*, » l'expression *ou-thi*, ses cinq membres, c'est-à-dire (d'après l'Encyclopédie *Fa-youen-tchou-lin*, liv. 28, fol. 18), les genoux, les bras et la tête.

POINT DE RÉPONSE.

§ XCI. — 188. Il rend *ki-sang*, frapper la terre de son front, par *incliner la tête*. POINT DE RÉPONSE.

— 189. Il rend *paï-cheou*, incliner sa tête en l'appuyant sur ses mains (Encycl. *Fa-youen-tchou-lin*, liv. XXVIII), par *saluer avec la main*. POINT DE RÉPONSE.

— 190. L'auteur parle ici de deux salutations distinctes. M. Pauthier les réduit à une seule. POINT DE RÉPONSE.

§ XCII. — 191. L'expression *chi-tso* (Dict. de Basile, n°s 8711-10623) signifie bien *lécher les pieds de quelqu'un*, *lambere pedes*.

Au lieu de se moquer de ma traduction, M. Pauthier aurait dû, ce semble, prouver 1° qu'elle est inexacte ;

2° justifier la sienne (*brachiis amplecti*) *embrasser* (*les ge-noux*). REPONSE NULLE.

Dans cette circonstance, *embrasser les pieds* se dit *paotso* (2283-0623). *Peï-wen-yun-fou*, liv. 91, fol. 41.

→ 192. Il aurait bien fait de démontrer en même temps que *tso* (pedes) signifie aussi les genoux. RÉPONSE NULLE.

§ XCIII. — 193. M. Pauthier décompose l'expression *tchi-thse*, adresser la parole à quelqu'un. Il rend la première syllabe par *arriver*. POINT DE RÉPONSE.

—194. *Ibid.* Il rend la seconde syllabe par *solliciter un emploi!* POINT DE RÉPONSE.

— 195. Il rend l'expression *cheou-ming*, recevoir les instructions (d'un sage), par *recevoir une mission.* P. DE R.

—196. Il suppose que celui qui témoigne son respect à un sage, LUI *relève son vêtement.* Il fallait dire, au contraire, qu'en s'agenouillant, il relève le bas de *son propre vêtement (j'en ai dit la raison).* POINT DE RÉPONSE.

—197. Il rend l'expression *tch'ang-koueï*, rester longtemps à genoux, par « se prosterner aux pieds de. »

— 198. Il donne le sens adverbial *de* « *en signe de respect,* » au mot *thsun* de *thsun-hien* (l'homme honorable et sage), sujet du membre de phrase suivant.

POINT DE RÉPONSE.

§ XCIV. — 199. Il rend *weï-thse*, « paroles consolantes, » par *compliments de congratulation.* POINT DE RÉPONSE.

— 200. Il rend *hoe, hoe*, tantôt, tantôt (Voyez *Exercices pratiques*, § 24 C, pag. 186), qui se rapporte à la même personne, par *quelques-uns , d'autres.* POINT DE RÉPONSE.

—201. Il divise l'expression *hoeï-tao*, instruire et diriger quelqu'un (par de sages avis), et rend la première syllabe par *instructions*, ne s'apercevant pas que *chen-yen* étant au cas instrumental (bonis verbis), ce mot *hoeï* doit avoir le sens verbal d'*instruire.* POINT DE RÉPONSE.

— 202. Il rejette dans la phrase suivante la seconde syllabe *tao*, « diriger (quelqu'un) » , et la rend par *se conduire.*   Point de réponse.

— 203. Il rend les mots *i-chi-thsin-heou*, « pour lui montrer sa sincère affection, » par « *convenablement dans toutes les circonstances de la vie!* » traduction dont le texte n'offre aucune trace.   Point de réponse.

— 204. Il termine la phrase par ces mots : « lorsqu'il sera sorti de sa famille, » tandis que les quatre mots *tch'ou kia-cha-men*, « le Samanéen qui a embrassé la vie religieuse, » sont le commencement et le nominatif de la phrase suivante.   Point de réponse.

§ XCV. — 205. M. Pauthier n'a rien compris à tout ce paragraphe dont l'objet principal se rapporte à une sorte de salutation respectueuse bien connue qu'on appelle en samskrit *Pradakchina* (Wilson, *Diction. samskr.*, 2ᵉ édit., pag. 571), et qui consiste à marcher autour d'une personne ou d'un objet qu'on révère.   Point de réponse.

— 206. Le sujet de la phrase est : « *les Indiens* qui veulent témoigner leur respect à un religieux samanéen, » — et non *le religieux samanéen* qui, suivant M. Pauthier, serait en présence de son supérieur.   Point de réponse.

— 207. Les mots *souï-khi-so-tsong-sse* signifient littéralement : « suivant le degré de leur respect. » M. Pauthier traduit : (les religieux bouddhistes) *qui prennent ainsi congé de leurs supérieurs, se rendent où leurs devoirs les appellent !!* (Il n'y a pas un mot de cela dans le texte.)
      Point de réponse.

208. — Il traduit (et c'est une des choses les plus étranges qu'on puisse imaginer) : *ayant des tournées à faire dans l'intérêt de leur ordre* (! !), au lieu de : il y en a beaucoup qui *marchent autour de* (la personne révérée). Voy. ma première observation, § XCV. — 205.
      Point de réponse.

— 209. Il rend *i-tcheou*, tourner une fois (autour de quelqu'un), par faire une tournée dans l'intérêt d'un ordre religieux!   Point de réponse.

· 210. Il rend encore *tsa*, ici *tourner autour de quelqu'un*, par *faire une tournée !*   POINT DE RÉPONSE.

— 211. Il passe le mot *feou* (iterum) qui, joint à *san*, signifie *deux* ou *trois fois*.   POINT DE RÉPONSE.

— 212. Il rend l'adjectif *sou*, anciens (épithète de *sentiments*), par UN CARAVANSERAÏ !! « C'est un endroit, dit-il en note, où les pèlerins font halte et passent la nuit. Les CARAVANSERAÏS se trouvent à une distance l'un de l'autre d'environ trente *lis !!* »   POINT DE RÉPONSE.

— 213. Il rend l'adverbe *pie*, en outre, davantage, par le verbe DÉFAILLIR !   POINT DE RÉPONSE.

— 214. Il se trompe en employant le mot français *stage* (l'espace de temps pendant lequel les avocats sont obligés de fréquenter le barreau avant d'être inscrits sur le tableau), dans le sens du mot anglais *stage*, lieu de repos en voyage, lieu où l'on prend des relais.

POINT DE RÉPONSE.

— 215. Le mot *thsing*, « demander, » est suivi d'un point (₀) dans l'édition impériale. M. Pauthier s'est imaginé que le mot suivant *sou*, nombre, était le régime direct de ce verbe *demander*.   POINT DE RÉPONSE.

§ XCVI. — 216. Il traduit *tsaï*, « recouvrer la santé, se rétablir, » par *envoyer un exprès dans.*   RÉPONSE NULLE.
Voyez 16ᵉ *point contesté*, pag. 82.

— 217. Il rend l'adverbe *fang*, alors, par *pays*.
RÉPONSE NULLE.
Voyez 16ᵉ *point contesté*, pag. 82.

— 218. Il rend *eul*, avaler, par « *une espèce de gâteau.* »
POINT DE RÉPONSE.

— 219. Il traduit *yo*, des médicaments, régime direct de *eul* (avaler, prendre) par *un ingrédient, espèce de gâteau !*
POINT DE RÉPONSE.

— 220. Il rend *ming*, les noms (des médicaments), par le verbe *se nommer* (UN GATEAU dont la nature et l'espèce *se nomment !*)   POINT DE RÉPONSE.

— 221. Il rend *tchong*, les sortes (des médicaments), par le nom propre TCHONG (se nomment TCHONG), s'imaginant que c'est le *nom d'une espèce de* GATEAU!

POINT DE RÉPONSE.

— 222. Il cite en note, à propos de *tchong* (sortes de médicaments) , l'expression cochinchinoise : *discipuli bonziorum*, qui ne se rapporte pas le moins du monde à sa traduction fautive, ni au sens exact des mots du texte.

POINT DE RÉPONSE.

§ XCVII.—223. Il rapporte l'expression *pou-thong*, « différer, être différent, » à son prétendu GATEAU, dont il n'y a nulle trace dans le texte, tandis qu'il se rapporte *à l'habileté des médecins* et *à la manière dont ils observent les symptômes des maladies.*   POINT DE RÉPONSE.

— 224. Il rend *i*, les médecins, par *les médicaments.*

POINT DE RÉPONSE.

— 225. *Ibid.* Il rend l'expression *kong-tchi*, le talent, l'habileté (des médecins) par *les gens de l'art.*

POINT DE RÉPONSE.

— 226. Au lieu de *l'habileté des médecins*, il écrit: «*médicaments préparés* par *les gens de l'art !* »

POINT DE RÉPONSE.

— 227. Il rend *tchen-heou*, l'action d'observer (les symptômes des maladies), par *espérer.*   POINT DE RÉPONSE.

— 228. Il rapporte *yeou-i*, « présenter des différences, être différent » (en parlant de l'habileté des médecins et de la manière dont ils observent les maladies), au *résultat* de son prétendu GATEAU. (Voy. plus haut n°s 222-223.)

POINT DE RÉPONSE.

§ XCVIII. — 229. Il rend le verbe composé *tchong-mo*, être mort, par *leur fin* ARRIVE.   POINT DE RÉPONSE.

— 230. Il rend *lin*, « être sur le point de, » par *commencer.*   POINT DE RÉPONSE.

— 231. Il prend le verbe *sang*, faire les obsèques de quelqu'un, pour le substantif *funérailles*, qu'il considère à tort (et contrairement à la syntaxe) comme le sujet du verbe précédent POINT DE RÉPONSE.

— 232. Il rend le verbe neutre *ngaï*, se lamenter, par le substantif *deuil* (les cérémonies des funérailles et du DEUIL). . POINT DE RÉPONSE.

— 233. Il combine ce mot *ngaï* (se lamenter) avec le mot précédent *sang*, dont il est séparé par un point (₀) dans l'édition impériale. POINT DE RÉPONSE.

— 234. Il rend le mot *hao*, « pousser de grands cris, » seconde syllabe du verbe composé *ngaï-hao* (se lamenter et pousser de grands cris), par SURNOMMER (état qu'ils *sur-nomment*). RÉPONSE NULLE.

Voyez 17ᵉ *point contesté* , pag. 87.

— 235. Il rend *siang-peï*, « ils le pleurent » (c'est-à-dire ils pleurent le mort), par *état de pleurs mutuels et silencieux*. POINT DE RÉPONSE.

§ XCIX. — 236. Il rend le mot *fo, deuil*, par ON ASSISTE ! POINT DE RÉPONSE.

— 237. *Ibid.* Il rend *tchi*, les règlements (du deuil), par *la cérémonie* (on assiste à la cérémonie)! POINT DE RÉPONSE.

— 238. Il rend *pou-ouen*, je n'en ai rien appris (savoir, *des règlements du deuil*), par *sans rien entendre*, c'est-à-dire (suivant M. Pauthier), *sans entendre les cris funèbres*. POINT DE RÉPONSE.

§ C. — 239. Il rend *sang-ki*, la durée *du deuil* (du temps pendant lequel on porte le deuil), par *le temps de ces démonstrations* (de douleur — c'est-à-dire de la durée des pleurs et des lamentations). RÉPONSE NULLE.

Voyez 21ᵉ *point contesté*, pag. 95.

§ CI. — 240. Il traduit *song*, rendre les derniers devoirs à un mort (en tartare-mandchou : *sindambi*), par *observer* (des démonstrations — de douleur). POINT DE RÉPONSE.

— 241. Il rend l'accusatif *tchong* (un mort — en tartare-mandchou *akou okho be* , defunctum) , par « *être ache-*

vées, » en parlant *des funérailles.*

POINT DE RÉPONSE.

§ CII. — 242. Il rend l'instrumental *tsi-sin,* « congestis lignis » (cremare cadaver), par *on entasse du bois pour cet usage.* POINT DE RÉPONSE.

— 243. Il rend *fen-liao,* comburere (mortui cadaver), par *mettre le feu en différents endroits.* POINT DE RÉPONSE.

Il a pris le mot *liào,* seconde syllabe du mot *fen-liao* (cremare), pour *liaò,* feux qu'on allume de distance en distance pour transmettre des signaux.

POINT DE RÉPONSE.

§ CIII. — 244. Il prend le locatif *ye,* « dans un lieu désert, » pour un génitif, et le verbe *tsang,* « faire les funérailles, » pour le substantif *funérailles.*

POINT DE RÉPONSE.

Il commet ainsi deux fautes graves contre la syntaxe. Ici le même mot est employé trois fois dans un sens verbal, et les trois mots qui le précèdent sont au locatif : *ye-tsang,* mot à mot, faire les funérailles de quelqu'un dans un désert ; — *ho-tsang,* faire les, etc., dans le feu ; — *choui-tsang,* faire les, etc., dans l'eau. POINT DE RÉPONSE.

245. — Il rend le verbe actif *sse,* nourrir, pour le verbe passif *être mangé.* J'ai ajouté que le mot *sse,* étant pris au passif, signifie toujours *être alimenté, être nourri,* et non être *mangé, dévoré.* POINT DE RÉPONSE.

§ CIV. — 246. Il supprime le mot *sing,* être vivant, qui est le corrélatif de *sse,* être mort. POINT DE RÉPONSE.

— 247. Il rend le mot *li,* décerner (un titre, un nom honorifique), par *établir (les qualités* de quelqu'un).

POINT DE RÉPONSE.

— 248. Il prend pour le régime direct de *li,* décerner (un titre), le génitif *te,* de la vertu ou des vertus, qui est en construction avec *hao,* titre, littéralement *un titre de vertu* (décerner); c'est-à-dire un titre, un nom honorifique, qui rappelle les vertus de quelqu'un. POINT DE RÉPONSE.

— 249. Il fait le verbe actif *proclamer*, du substantif *hao*, titre honorifique, régime direct de *li*, décerner.

RÉPONSE NULLE.

Voyez 18e *point contesté*, pag. 89.

— 250. Il forme le mot composé *li-hao*, qui n'existe pas en chinois dans le sens de *établir* et *proclamer* (ainsi qu'il le veut). POINT DE RÉPONSE.

— 251. Il rapporte un substantif qui (suivant lui) serait un régime direct, à deux verbes actifs, dont l'un précéderait, et dont l'autre suivrait ce substantif — régime.

POINT DE RÉPONSE.

— 252. M. Pauthier (*et ceci est extrêmement grave*), oubliant que le génitif doit précéder le mot avec lequel il est en construction (quand ce mot n'indique pas une *quantité de* — Voyez mes *Exercices pratiques*, § XV A, pag. 119), a été chercher le mot *sse* (mourir, — quand un homme *est mort*), qui commence le membre de phrase suivant, et en a fait le génitif « du *défunt* » (les vertus du défunt).

POINT DE RÉPONSE.

— 253. Il n'a pas vu la corrélation du mot *sse*, mourir (quand un homme *est mort*, — on ne lui donne point de titres posthumes), avec *sing*, vivre, du membre précédent (quand un homme *est vivant*, on lui décerne un titre qui rappelle ses vertus). C'est de ce corrélatif *sse* qu'il a fait le génitif « *du défunt* » (les vertus) ! POINT DE RÉPONSE.

Voyez 18e *point contesté*, page 89.

§ CV. — 254. Il construit ensemble les deux mots *kia*, maison, et *jin*, homme, qui sont séparés par un point dans l'édition impériale, et rend par « *le chef de la famille* » ce mot *kia-jin* qui ne signifie que *domestique*, et cela en style moderne. Ici *kia* est au locatif : *dans une maison* (où quelqu'un vient de mourir). POINT DE RÉPONSE.

— 255. Il rend *sang-ho*, malheur qui résulte de la mort, par *les funérailles*, et ajoute le verbe *présider à*, dont le texte n'offre aucune trace. POINT DE RÉPONSE.

—256. En réunissant *jin*, les hommes, les personnes d'une famille, au locatif *kia* (dans une maison), qui appartient au membre précédent, et en rendant ces deux mots par *le chef de la famille*, il a fait disparaître cette idée « qu'aucune des personnes d'une maison où quelqu'un vient de mourir ne prend de la nourriture (pendant quelque temps). »   POINT DE RÉPONSE.

§ CVI.— 257. Il rend les mots *fo-tch'ang*, reprendre ses habitudes (c'est-à-dire recommencer à prendre de la nourriture—après les funérailles), par « *il est d'un usage constant.* »   POINT DE RÉPONSE.

—258. Il rend l'expression *wou-hoeï*, « ne pas avoir de, » (ne pas célébrer le) jour anniversaire de la mort (des parents), par *ne pas renvoyer* (ceux qui ont accompagné, etc.).   POINT DE RÉPONSE.

§ CVII. — 259. Il rend *yo*, se baigner, par *faire prendre un bain à quelqu'un*. La construction s'oppose à ce qu'ici le verbe réfléchi *yo* (se baigner) soit rendu par un verbe causatif.   POINT DE RÉPONSE.

—260. Il rend *kouo-waï*, en dehors des murs de la ville, par « *hors de l'endroit où le mort a été enterré,* » traduction qui n'indique aucun lieu déterminé.

                    POINT DE RÉPONSE.

—261. Il rend *ji*, être admis (chez les autres habitants après s'être purifié par un bain), par *rentrer chacun chez soi*.   POINT DE RÉPONSE.

§ CVIII. — 262. Il rend les mots *tchi-yu*, « quant à, pour ce qui regarde, » par *arriver* (à l'âge de).

                    POINT DE RÉPONSE.

—263. Il a vu des hommes de trois âges différents (de 60, 70 et 80 ans) dans la phrase *nien-khi-cheou-mao*, qui indique d'une manière générale *des vieillards très avancés en âge*.   POINT DE RÉPONSE.

264. Il sépare les deux mots *sse-khi*, littéralement « de la mort—l'époque précise ; » il traduit le premier par « la

mort, » et le second par « le temps fixé DE LA VIE. »

POINT DE RÉPONSE.

— 265. Il rend par *retomber en enfance*, le mot *ing*, qui, combiné avec le mot *louï*, a le sens de *être faible*, *affaibli* (au physique). POINT DE RÉPONSE.

—266. Il rend *tchin-'o*, être dangereusement malade (à deux doigts de la mort), par *s'affaisser sous le poids des infirmités*. On voit qu'il a pris l'adverbe *chin*, « profondément, » pour un verbe (il n'a jamais le sens de *s'affaisser sous le poids de*), et le verbe *'o*, être malade, pour le substantif *infirmités*. POINT DE RÉPONSE.

— 267. Il rend *sing-yaï*, les limites, la fin de la vie, par « le bord de la vie, » expression qui signifie, au contraire, « *le commencement de la vie*. » POINT DE RÉPONSE.

— 268. Il rend *kong-khi* par « *les terreurs sont portées à l'extrême*, » au lieu de : il craint que (les limites de sa vie) ne soient arrivées à leur dernier point, il craint d'être arrivé à la dernière limite de la vie. POINT DE RÉPONSE.

— 269. Il rend *khi-jin-kien*, renoncer (volontairement) au monde, par *être rejeté du milieu des hommes*.

POINT DE RÉPONSE.

— 270. Il rend *sou*, dernière syllabe de *tch'in-sou*, « le siècle corrompu, » par *il est d'usage*. POINT DE RÉPONSE.

§ CIX. — 271. Il rend par *autant que possible*, le mot *hi* qui, joint au mot *youen*, forme le verbe composé *s'éloigner*.

POINT DE RÉPONSE.

— 272. Il rend *iu*, dans, sur (*iu-chi*, sur cela, là-dessus, c'est-à-dire alors), par *avec* (quelqu'un).

POINT DE RÉPONSE.

—273. Il rend le démonstratif *chi*, cela (*iu-chi*, sur cela, c'est-à-dire alors), par le pronom possessif *ses* (parents).

POINT DE RÉPONSE.

— 274. Il rend *kou*, ses anciens amis, par *c'est pourquoi*.

POINT DE RÉPONSE.

—275. Il rend le mot *tchi*, ses connaissances (gens de

10

connaissance, *noti*), par le verbe causatif *faire savoir à*.
POINT DE RÉPONSE.

— 276. Il rejette dans la phrase suivante les mots *tseou-yo* (canere fistulis), et les rapporte à celui qui va se noyer dans le Gange, tandis qu'ils ont pour sujet *ses amis et ses parents*.
POINT DE RÉPONSE.

— 277. Il suppose que c'est le vieillard mourant qui donne un repas d'adieu à ses parents et à ses amis, tandis que ce sont ces derniers qui le lui offrent.
POINT DE RÉPONSE.

§ CX.—278. Il rend le verbe *tsi*, « traverser une rivière, » par « *se rendre dans.* »
POINT DE RÉPONSE.

— 279. Il construit l'adjectif *tchong*, « *medius*, » avec le mot *ho*, fleuve, dont il est séparé par un point dans l'édition impériale.
POINT DE RÉPONSE.

— 280. Il rend le substantif *lieou*, « le courant, » par l'expression *s'abandonner à un courant.* » POINT DE RÉPONSE.

— 281. Il construit, contrairement à la syntaxe, le mot *chi*, dix, avec le mot précédent *thien*, ciel, et traduit *le dixième ciel!* En chinois, les nombres ordinaux 1er, 2e, 3e, etc., ainsi que les nombres cardinaux 1, 2, 3, etc., se mettent constamment AVANT les substantifs auxquels ils se rapportent.
POINT DE RÉPONSE.

§ CXI. — 282. Il a passé le mot *i*, un, de la phrase : « Sur *dix*, il s'en trouve *un.* »
POINT DE RÉPONSE.

— 283. Il rend les mots *pi-kien*, les vues grossières, terrestres (du siècle), par *les humiliations et les conditions méprisées de la vie.*
POINT DE RÉPONSE.

— 284. Il divise en deux le verbe composé *hao-kho*, « crier et se lamenter, » et rend la première syllabe *hao* (crier) par « titres honorifiques. »
RÉPONSE NULLE.
Voy. 20e *point contesté*, pag. 94.

— 285. Il empiète sur le membre de phrase suivant, et rend le verbe neutre *kho* (2e syllabe de *hao-kho*, crier et se lamenter), par le verbe actif *déplorer* (la mort).

Cette syllabe *kho*, se lamenter, est suivie d'un point dans l'édition impériale ; elle ne peut donc être un verbe actif gouvernant un des mots de la phrase qui vient après. POINT DE RÉPONSE.

— 286. Il prend les nominatifs *fou-mou*, le père et la mère, pour deux génitifs. POINT DE RÉPONSE.

— 287. Il rend le participe absolu *wang-sang*, étant morts (son père et sa mère), par le substantif la *mort* (d'un père et d'une mère), et le fait régir par le verbe neutre *kho*, « se lamenter, » de la phrase précédente, dont il est séparé par un point dans l'édition impériale, et qu'il a changé en un verbe actif (déplorer). POINT DE RÉPONSE.

— 288. Il s'imagine que les hommes dont il s'agit embrassent la vie religieuse pour pleurer leurs père et mère, tandis que (d'après le texte) les bruyantes démonstrations de douleur sont interdites aux *Samanéens*. POINT DE RÉPONSE.

— 289. Il rend les mots *song-nien*, « réciter des prières, » par « *réciter à haute voix et avec mesure les louanges de.* » POINT DE RÉPONSE.

— 290. Il rend *tcheóu-ngen*, « remercier (quelqu'un) de ses bienfaits, » par « *accorder un tel bienfait.* »
POINT DE RÉPONSE.

— 291. Il passe le verbe *tchouï*, poursuivre, *remonter à* (remonter aux ancêtres morts depuis longtemps). POINT DE RÉPONSE.

— 292. Il rend *youen*, éloigné (les ancêtres éloignés, c'est-à-dire morts depuis longtemps), par *éloigner* (les soucis). POINT DE RÉPONSE.

— 293. Il rend *tchin*, donner tous ses soins à (aux morts, en leur rendant les derniers devoirs), par *les soucis du monde.* POINT DE RÉPONSE.

— 294. Il rend *tchong*, « ceux qui sont morts, » par l'adverbe *à la fin.* POINT DE RÉPONSE.

— 295. Il supplée sans motif les mots « jusqu'à ce qu'ils

10.

trouvent, » dont le texte n'offre aucune trace.

POINT DE RÉPONSE.

— 296. Il rend le verbe *tse*, donner, procurer (le bonheur), par le mot « *richesses*. »   POINT DE RÉPONSE.

— 297. Il fait régir son mot *richesses* par le verbe *trouver*, qui n'existe pas ici.   POINT DE RÉPONSE.

— 298. Il rend le substantif *ming*, l'autre monde, par l'adjectif *obscur*, et écrit : *une félicité* OBSCURE, au lieu de « le bonheur de l'autre monde. » POINT DE RÉPONSE.

— 299. Il construit au locatif (*dans une félicité...*) le mot *fo*, bonheur, qui est ici le régime du verbe *tse*, donner, procurer.   POINT DE RÉPONSE.

§ CXII. — 300. Il rend *tching-kiao*, les instructions administratives, c'est-à-dire les règlements qui émanent de l'autorité, par *la direction de* L'ENSEIGNEMENT.

POINT DE RÉPONSE.

— 301. Il oublie la règle du génitif qui veut que, lorsque deux noms sont en construction, le terme conséquent (le génitif) précède le terme antécédent (le nominatif).

Si, par impossible, *tching* signifiait ici *direction*, et *kiao*, « éducation », il faudrait qu'il y eût dans le texte *kiao-tching* (de l'éducation—la direction), et non *tching-kiao* (la direction de l'enseignement). Du reste le mot *tching* (administration) ne saurait signifier la *direction* d'une chose.   POINT DE RÉPONSE.

— 302. Il rend le mot *kouan*, « être indulgent, être bienveillant », par « *de grands établissements !* »

POINT DE RÉPONSE.

— 303. Il rend *ki-we*, « affaires du conseil d'état, » par *on s'efforce de donner de l'instruction à la jeunesse !*

POINT DE RÉPONSE.

— 304. Il rend *kien*, « être abrégé, peu compliqué, » par l'adjectif *grand* !   POINT DE RÉPONSE.

— 305. Il rend *hou*, « les familles, » par *les établissements* (d'instruction publique.)   POINT DE RÉPONSE.

— 306. Il prend le mot *tsi*, un registre, pour le mot *thsie*, « se servir pour un temps. »   Point de réponse.

— 307. Il rend le mot *chou*, « être inscrit sur un registre, » par *les livres* (des étudiants).

Il arrive à ce sens étrange, que *dans les grands collèges de l'Inde on ne faisait point usage de livres*, au lieu de dire que *les familles n'étaient point inscrites sur des registres civils*.   Point de réponse.

— 308. Il passe le mot *yao*, corvées.

Point de réponse.

— 309. Il rend le mot *ko*, « impôt en argent ou en grains, » par *taxe* pour les écoles.

Cette traduction fautive vient de ce qu'il n'a pas compris la définition anglaise du mot *ko* (Basil. 10099), qui veut dire non seulement impôt, mais aussi : *a duty or* task *imposed at school*, un devoir ou une tâche donnés en classe, donnés par le maître à ses écoliers.

M. Pauthier a traduit taxe *pour les écoles*, 1° parce qu'il a pris le mot anglais task, tâche, pour tax, *taxe* ; 2° parce qu'il n'a pas compris les mots *imposed at school*, littéral. : imposé à l'école, c'est-à-dire donné en classe (devoir).

Point de réponse.

§ CXIII.—310. Il rend *fong-kien*, « constituer un fief à, » par *être assigné en jouissance*.   Point de réponse.

— 311. Il rend l'expression *fou-tso*, « un ministre d'état, » par le verbe *aider* (les).   Point de réponse.

§ CXIV. — 312. Il rend *chang*, « récompenser quelqu'un, » par *être donné en jouissance à*. Point de réponse.

— 313. Il emploie deux lignes de français pour rendre l'épithète *tsong-jouï*, intelligent, doué d'intelligence.

Point de réponse.

— 314. Il rend par *études et savoir* (au cas instrumental) l'expression *chi-hio*, « homme savant, » régime du verbe *chang*, récompenser.   Point de réponse.

— 315. Il donne à *thsaï*, « talents naturels de l'homme, »

le sens de « talents qui sont le fruit de l'étude, » et ne voit pas qu'ici ce mot est un adjectif (*doué de talents*), régi par *chang*, récompenser.   Point de réponse.

§ CXV. — 316. Il fait disparaître la locution bouddhique *cultiver le champ du bonheur* (c'est-à-dire faire de bonnes œuvres pour obtenir le bonheur.) Cf. *San-thsang-fa-sou*, liv. XI, fol. 20, *v.*)   Point de réponse.

— 317. Il rend *chou-fo*, cultiver du bonheur (le champ), par *procurer du bien-être*.   Point de réponse.

— 318. Il regarde *thien*, champ, de la locution figurée *cultiver le champ du bonheur*, comme le régime du verbe *ki*, faire des aumônes, qui commence le membre de phrase suivant, et le rend par *des propriétés territoriales qu'on fait valoir*.   Point de réponse.

— 319. Contrairement à la syntaxe chinoise, il construit le mot *thien*, champ, devant un verbe par lequel il le croit régi à l'accusatif.   Point de réponse.

— 320. Il isole le mot *tchou*, « les, » qui est toujours suivi d'un substantif (comme en cet endroit, les *héréti-ques*), et le rend par « la foule de ceux qui. »

— 321. Il rend le mot *ki*, « faire des aumônes à, » par recevoir.   Point de réponse.

— 322. Il rend *i-tao*, « les hérétiques, » par *manière d'a-gir bien différente de celle de !* »   Point de réponse.

— 323. Il ne tient aucun compte de *so-i*, « c'est pour-quoi. »   Point de réponse.

— 324. Il rend les mots *fou-lien-king-po*, « les impôts sont légers, » par « ces hommes qui *se livrent à toutes sortes d'exactions !* »   Point de réponse.

— 325. Il rend *sing*, seconde syllabe de *kien-sing*, mo-dérés (en parlant des impôts), par dans les provinces.

Point de réponse.

§ CXVI. — 326. Il rend le verbe neutre *ngan*, « rester dans, » par les substantifs *paix et tranquillité*.

Point de réponse.

— 327. Il rend *nie*, une propriété, un patrimoine, par l'adverbe *suffisamment*. POINT DE RÉPONSE.

— 328. Il rend *kiu*, « tous, » par pourvu (dans ses besoins). POINT DE RÉPONSE.

— 329. Il prend *chou*, « garder les frontières » (Bas. 3173), pour *jong*, « les Barbares » (Bas. 3174). POINT DE RÉPONSE.

— 330. Il rend *tchin*, « protéger, défendre, » par *entreprendre une guerre*. POINT DE RÉPONSE.

— 331. Il rend le mot *liu*, poste, corps de garde, par *les chaumières*. POINT DE RÉPONSE.

— 332. Il rend le verbe *so*, « passer la nuit, » par *lieux de stations*. POINT DE RÉPONSE.

— 333. Il rend *weï*, protéger, défendre (en montant la garde autour du palais), par « *loger des troupes.* » POINT DE RÉPONSE.

— 334. Il transpose les deux premiers mots de la phrase suivante : *liang-sse*, littéralement mesurer les choses (c'est-à-dire ici calculer les besoins du service militaire), et les rend par *être reconnu propre à* (loger les troupes). POINT DE RÉPONSE.

§ CXVIII. 335. Il y a dans le texte : *liang-sse-tchao-mou*, « suivant les besoins du service, on lève des troupes » (l'édition impériale offre ici un point o). « On promet des récompenses, *hiouen-chang* (à ceux qui viendront s'enrôler) ».

M. Pauthier a rendu le mot *hiouen*, « promettre, » par *les districts* (appeler aux armes LES DISTRICTS !) RÉPONSE NULLE.

Voyez 22e *point contesté*, pag. 95.

— 336. Il n'a pas compris le mot *chang*, récompenses (promettre des). POINT DE RÉPONSE.

— 337. Il rend *taï*, attendre (que les soldats à qui l'on promet des récompenses, c'est-à-dire une solde, viennent s'enrôler), par *attendre* (l'issue de la campagne — en parlant des soldats). POINT DE RÉPONSE.

— 338. Il rend *ji*, entrer (dans un corps de troupes, en s'enrôlant), par *rentrer dans l'intérieur*. POINT DE RÉPONSE.

§ CXIX. — 339. Il passe *tsaï-mou*, les gouverneurs. POINT DE RÉPONSE.

— 340. Il rend la 1re syllabe du nominatif *fou-tch'in*, « les ministres, » par *aider* (il écrit AIDER *les ministres*). POINT DE RÉPONSE.

— 341. Il rend *liao*, 1re syllabe du nominatif *liao-tso*, « les employés, » par les mots « *dans leurs devoirs.* » POINT DE RÉPONSE.

— 342. Il rend *tso*, 2e syllabe du nominatif *liao-tso* (les employés), par *assister quelqu'un*. POINT DE RÉPONSE.

— 343. Il finit un paragraphe aux mots *liao-tso*, « les employés, » (qu'il rend par *les assister dans leurs devoirs*), et rejette dans un autre paragraphe (division qui n'existe pas dans le texte chinois) les deux verbes *yeou*, avoir, — et *chi*, manger (ici vivre du revenu de), dont les nominatifs sont *liao-tso*, « les employés, » et les trois mots précédents : les *gouverneurs*, les *ministres*, les *magistrats*. POINT DE RÉPONSE.

— 344. Il rend *ko*, chacun (des fonctionnaires mentionnés ci-dessus), par l'expression générale *chaque Indien*.

Il ne s'aperçoit pas que le mot *ko*, chacun d'eux, par lequel il commence un nouveau paragraphe, appartient à la phrase précédente. POINT DE RÉPONSE.

— 345. Il rattache au mot *fen-ti*, « terres réparties, » les mots *tseu-chi* (ils consomment eux-mêmes — le revenu de) qui en sont séparés par un point dans l'édition impériale, et ont pour régime les mots *fong-i* (terres données en fief). POINT DE RÉPONSE.

— 346. Il rend *fong-i* (terres données en fief), régime direct de *chi*, consommer le revenu de, par ON DONNE *des cités en apanage*. POINT DE RÉPONSE.

— 347. Il rend *tseu-chi* par le sens absolu SE *ipsum nutrire*, tandis que ce verbe veut dire ici *vivre du revenu de*, et a pour régime direct les mots *fong-i*, « (le revenu des) terres données en fief. » Point de réponse.

§ CXX. — 348. Il passe le mot *fong*, vent, ici « *climat.* »
— 349. Il rend le mot *pie*, être différent, par *distribuer*.
Point de réponse.

— 350. Il rend le mot *jang*, « sol, — la nature du sol » (est différente) , par *terres* (distribuer des).
Point de réponse.

— 351. Il se trompe sur la construction du régime direct des verbes actifs, et prend *le nominatif jang* , « sol, » pour un *accusatif*, qui serait régi par le verbe neutre suivant *pie* (différer), dont il fait le verbe actif *distribuer*.
Point de réponse.

— 352. Il rend *tchou* , « être différent, » par *partager* (les produits). Point de réponse.

— 353. Il se trompe encore sur la place du régime direct des verbes actifs, en regardant le nominatif *ti-li*, « les productions de la terre, » comme un accusatif qui serait régi par le verbe suivant *tchou* , différer, dont il fait le verbe actif *partager*. Point de réponse.

— 354. Il fait régir les nominatifs *hoa-tsao*, plantes à fleurs, et *kouo-mo*, arbres à fruits, par le verbe *partager*, qui n'existe pas dans le texte. Point de réponse.

— 355. Il rend *hoa-tsao*, « plantes à fleurs, qu'on recherche pour les fleurs, » par fleurs et arbres.
Point de réponse.

— 356. Il rend *kouo-mo*, « arbres à fruits, » par *fruits et arbres*. Point de réponse.

—357. Il a rapporté aux *produits du sol* (en général), les mots *tsa-tchong*, « espèces variées, et *i-ming*, noms différents, » qui se rapportent uniquement aux *plantes à fleurs* et aux *arbres à fruits*. Point de réponse.

§ CXXI. — 358. Il a cru que les mots *pi-tsaï*, « rapporter, énumérer complètement, » signifiaient *déterminer*, d'une manière scientifique, à quelles espèces se rapportent lès fruits cités.   POINT DE RÉPONSE.

— 359. Il a rendu le mot *kien*, ici marque du passif, par *paraître*.   POINT DE RÉPONSE.

— 360. Il a rendu *tchin*, qui devient (par position et au moyen de *kien*, marque du passif) le verbe passif *être estimé*, par « *précieux* et *excellents* en leur genre. »
                    POINT DE RÉPONSE.

— 361. Il fait le nominatif *les hommes*, du génitif *hominum*, dans *jin-chi*, « in hominum generatione, inter homines » (æstimantur — qui), qui appartient à la phrase précédente.   POINT DE RÉPONSE.

— 362. En traduisant *jin-chi* (hominum generatio) par *les hommes du* SIÈCLE, il oublie la règle du génitif, qui veut que le terme conséquent ou *génitif* se place avant le terme antécédent ou *nominatif* (toutes les fois que celui-ci n'indique pas une quantité — Cf. *Exercices pratiques*, § 15, A, page 119.)   POINT DE RÉPONSE.

— 363. Il rapporte *aux hommes*, le mot *tche* (qui) qui se rapporte *aux fruits* mentionnés plus haut.
                    POINT DE RÉPONSE.

— 364. Il rend les mots *lio-kiu-yen*, « ils ont été cités en abrégé, » par : (les hommes du siècle) en *parlent avec beaucoup d'éloges*!   POINT DE RÉPONSE.

§ CXXII. — 365. Il prend le fruit de l'arbre *tsao* (le jujubier) pour la *datte*.   POINT DE RÉPONSE.

— 366. Il voit deux arbres distincts (*le pi* et *le chi*) dans l'expression *pi-chi*, qui n'en désigne qu'un seul, le *kaki*.   POINT DE RÉPONSE.

— 367. Il prend le locatif *in-tou* (dans l'Inde) pour le nominatif l'INDE (personnifiée).   POINT DE RÉPONSE.

En chinois, les mots *pays* (fang), *royaume* (koue) peuvent être pris pour les habitants d'un pays, d'un royaume; mais un nom propre de pays, comme l'*Inde*, ne peut être personnifié, c'est-à-dire être pris pour un être de raison, à qui l'on attribue les sentiments, les passions des hom-

mes, comme lorsque l'on personnifie la France, l'Angle-
terre. POINT DE RÉPONSE.

§ CXXIII.—368. Il rend le mot *naï*, sorte de *poire*, par
la *prune*. POINT DE RÉPONSE.

— 369. Il prend le mot *heng*, l'amandier, pour un arbre qui produit des *prunes acides*. POINT DE RÉPONSE.

— 370. Il croit que les mots *wang-wang-kien-tchi* (ils
sont plantés partout) se rapportent uniquement au
royaume de Cachemire. POINT DE RÉPONSE.

§ XXIV. — 371. Il termine la phrase aux mots *tchou-
koue* (les royaumes), et sépare ainsi *le grenadier* et *l'oranger* du verbe passif *chou*, être planté, dont ils sont les sujets. POINT DE RÉPONSE.

— 372. Il rend les mots *grenadier* et *oranger* par *gre-
nades* et *oranges*, mots qui ne peuvent cadrer avec le verbe
passif *chou*, être planté. POINT DE RÉPONSE.

— 373. Il ajoute les mots « *viennent de* » qui n'existent
point dans le texte. POINT DE RÉPONSE.

— 374. Il rend *tchou*, « LES » (royaumes de l'Inde)
par le mot *autres* (royaumes *autres* que ceux de l'Inde).
POINT DE RÉPONSE.

— 375. Il rend *kiaï,* l'un et l'autre, par *tous*.
POINT DE RÉPONSE.

— 376. Il rend le passif *chou*, sont plantés (le grenadier et l'oranger), par *les plantes et les arbres*.
POINT DE RÉPONSE.

§ CXXV.—377. Il rend *ken-thien*, « cultiver les champs,»
par *ces arbres* SONT CULTIVÉS *dans les champs!* Le mot *ken*
ne se dit que *des terres, des champs*. POINT DE RÉPONSE.

— 378. Il confond les mots *kiaï-chou*, l'un et l'autre
sont plantés (le grenadier et l'oranger), qui complètent le
§ 124, avec les deux premiers mots du § 125, *ken-thien*, ils
cultivent les champs. POINT DE RÉPONSE.

— 379. Il prend *thien*, régime direct du verbe actif *ken*, cultiver (les terres), pour un locatif (*dans les champs !*)

POINT DE RÉPONSE.

— 380. Il rend *wou-noung,* « ils s'appliquent à l'agriculture, » par « *les agriculteurs.* » POINT DE RÉPONSE.

— 381. Il rapporte aux arbres à fruits, les mots *kia-sé,* « semer et récolter, » qui ne se disent que des céréales.

POINT DE RÉPONSE.

— 382. Il rapporte aux seuls mots *semer* et *planter* l'expression *souï-chi,* « suivant les saisons, » qui se rapportent aux cinq opérations agricoles *semer, récolter, labourer, sarcler, planter.*   POINT DE RÉPONSE.

— 383. Il fait des mots *wou-nong,* « ils s'appliquent à l'agriculture, » qu'il traduit à tort par « *les agriculteurs,* » le nominatif de la phrase suivante dont ils sont séparés par un point dans l'édition impériale. POINT DE RÉPONSE.

§ CXXVI. — 384. Il rend le mot *tsong,* « en venant de » (travailler), par *ils retirent.*   POINT DE RÉPONSE.

— 385. Il rend le verbe *lao,* travailler (*en venant de travailler*), par *travail* (retirer de son *travail*—certains avantages).

— 386. Il rend le mot *i, le repos* (la cessation de la fatigue), par *le bonheur* et *l'aisance.*   POINT DE RÉPONSE.

§ CXXVII. — 387. M. Pauthier n'a rien compris à tout ce passage. Il rend *tan-chi,* « manger, » par manger jusqu'à SATIÉTÉ (il n'y a pas ici de mot qui ait le sens de *satiété*).   POINT DE RÉPONSE.

— 388. Il rend le mot *souan,* ail, aux, par *des poireaux.*   POINT DE RÉPONSE.

— 389. Il rattache le mot final *hi,* « être rare, » (qui se rapporte à l'action de manger), au mot *kia,* « famille, » qui commence le membre de phrase suivant.

POINT DE RÉPONSE.

— 390. Il rapporte le locatif *kia,* « maison, » au verbe *tan-chi* (appartenant au membre de phrase précédent),

tandis qu'il se rattache au verbe suivant *chi*, « manger. »
POINT DE RÉPONSE.

— 391. Il rend *chi-tche*, celui qui (en) mange, par UN
ALIMENT QUE !   POINT DE RÉPONSE.

— 392. Il applique *ling*, « on leur ordonne » (de sortir
de la ville), à l'ordre *de préparer un aliment*, lequel ordre
n'est point mentionné ici.   POINT DE RÉPONSE.

— 393. Il suppose que *kiu*, « expulser quelqu'un violemment, » signifie « préparer par LA PRESSION, » comme
lorsqu'on *fabrique le fromage !*   POINT DE RÉPONSE.

§ CXXVIII. — 394. Il rend les mots *tchi-iu*, quant à
(quant aux gâteaux, etc.), par *jusqu'à ce que* (on en ait
extrait).   POINT DE RÉPONSE.

— 395. Il rend *jeou-lo*, « de la crême, » *kaou-sou*, « du
beurre, » et *cha-tang*, « de la cassonade, » par *matière
sucrée et onctueuse, très agréable au goût.*
POINT DE RÉPONSE.

— 396. *Ibid.* Il ajoute *que l'on mélange avec sa boisson*
(matière). Il ne s'agit nullement DE BOISSON , mais de
gâteaux de farine de grains torréfiés, à laquelle on mêle
du lait, du beurre, du sucre.   POINT DE RÉPONSE.

— 397. Il rend *chi-mi*, « sucre dur et solide, » par
miel en pierre !   POINT DE RÉPONSE.

— 398. Il rend *cha-tang*, littéralement « sucre semblable au sable, » c'est-à-dire cassonade jaune en poudre,
par « *matière sucrée*. Il n'a pas vu qu'il s'agissait ici de
sucre, et de sucre d'une certaine qualité (cassonade jaune
en poudre).   POINT DE RÉPONSE.

— 399. Il rend *kiaï-tseu-yeou*, « huile de graines de
moutarde, » par *des substances onctueuses.* »

— 400. Il passe l'expression *ping-tchao*, « des gâteaux
faits avec de la farine de grains torréfiés, » qui est le point
important de la phrase.   POINT DE RÉPONSE.

— 401. Il rend les mots *tchang-so-chen*, (ces gâteaux
sont) *ce qu'ils mangent ordinairement*, par (substances

onctueuses qui) *servent habituellement à la préparation des aliments.* Suivant lui, « *le miel en pierre*, l'huile et le beurre clarifié, » sont DES SUBSTANCES ONCTUEUSES !

PEINT DE RÉPONSE.

§ CXXIX. — 402. Il rend *chi,* « en tout temps, constamment, » par *dans les saisons convenables.*

POINT DE RÉPONSE.

— 403. Il rend *tsien,* « être servi sur la table, » par *être préparé en aliment.*   POINT DE RÉPONSE.

— 404. Il rend *hiao,* « viande avec ses os, » et *tse,* « viande désossée, « par *former des provisions.* »

POINT DE RÉPONSE.

§ CXXX. — 405. Il prend *liu,* « l'âne, » pour « le mulet. »   POINT DE RÉPONSE.

— 406. Il rend *li,* « la loi, » par *être rangé dans la même catégorie* (en parlant des animaux).   POINT DE RÉPONSE.

— 407. Il rend *wou-weï-tan* , « s'abstenir de manger (quelque chose), « par *être sans saveur.* »

POINT DE RÉPONSE.

— 408. Il lit *tan,* « fade, insipide, » (Dict. de Basile, n° 5048) pour *tan* (Basile, n° 1306), *manger.*

POINT DE RÉPONSE.

§ CXXXI. — 409. Il rend *tan-tche,* « ceux qui (en) mangent, » par *être insipide et nauséabond !*

POINT DE RÉPONSE.

— 410. Il rend *pi* et *tchi,* « être méprisé et *être honni,* » par LA LIE DU PEUPLE.   POINT DE RÉPONSE.

— 411. Il rend *tchong,* « la foule, la multitude, » par *les classes supérieures.*   POINT DE RÉPONSE.

— 412. Il a passé *ping*, être écarté, être expulsé.

POINT DE RÉPONSE.

§ CXXXII. — 413. Il rapporte ce paragraphe *à la lie du peuple,* dont il n'est question ni ici ni plus haut.

POINT DE RÉPONSE.

— 414. Il rend le substantif dissyllabe *thsieou-li*, « du vin distillé, » par *distiller pendant une nuit des liqueurs fermentées.* POINT DE RÉPONSE.

— 415. Il rend *tcha*, « la différence, c'est-à-dire les différentes espèces de, » par l'adverbe *à la dérobée.*
POINT DE RÉPONSE.

— 416. Il rend le génitif *tse-weï*, « DES liqueurs (les différentes sortes *de liqueurs*) », par le nominatif « *saveur succulente.* » POINT DE RÉPONSE.

—417. Il rend *lieou*, espèces (de liqueurs), par *se perdre et se dissiper.* POINT DE RÉPONSE.

— 418. Il rend le mot *pie*, « différence » (des espèces de liqueurs, c'est-à-dire les différentes liqueurs`, par *on distingue cependant* (le vin), et le sépare ainsi de *lieou*, « espèces, » avec lequel il est en construction.
POINT DE RÉPONSE.

§ CXXXIII. — 419. Il rend *tse*, première syllabe de *tse-yong*, « se servir de, » par *ceux qui ont de l'aisance.*
POINT DE RÉPONSE.

—420. Il rend *kong-tchi* , la façon et la matière (des vases), par *substance travaillée avec art.*
POINT DÉ RÉPONSE.

— 421. Il rend *yeou-tchou*, « différer, offrir de la différence, » par *être endommagé* (en parlant des vases de cuisine). POINT DE RÉPONSE.

§ CXXXIV. — 422. Il confond *yeou-tchou*, « être différent, » (complément du § CXXXIII, qu'il rend par *être endommagé*), avec l'expression *chi-we* , « ustensiles de ménage, » qui commence la phrase suivante.
POINT DE RÉPONSE.

—423. Il rend *souï*, ici « *même*, » par *quoique.*
POINT DE RÉPONSE.

—424. Il rapporte l'expression *mo-tchi*, « ils ne connaissent pas,» aux deux mots qui suivent, au lieu de la rattacher à *tchouï-tseng* qui précède, et fait faire ainsi un contre-sens à l'auteur, savoir : *quils préparent leurs aliments dans des vases de terre cuite* , tandis que, suivant notre voyageur, ILS NE CONNAISSENT PAS CES SORTES DE MARMITES.

POINT DE RÉPONSE.

— 425. Par suite de sa construction fautive de *mo-tchi*, « ils ne connaissent pas » (les marmites en terre cuite), il fait faire à l'auteur un nouveau contre-sens, savoir : *que les Indiens ne connaissent pas les vases en argile séchée*, tandis que, suivant le texte, *ils en ont* BEAUCOUP.

POINT DE RÉPONSE.

— 426. Il rend *peï-thou*, « argile séchée au soleil et non cuite au four, » par le mot vague et inexact *de poterie*. Ils ne connaissent pas, dit M. Pauthier, *les vases en poterie*. Il oublie que, plus haut, il leur a attribué, et *cela à tort*, l'usage des *vases en terre cuite*, ce qui serait absolument la même chose que *des vases en poterie*.

POINT DE RÉPONSE.

§ CXXXVI. — 427. Il construit le substantif *thong*, cuivre, avec le verbe *chi*, manger, qui commence le second membre de phrase, et dont il est séparé par un point dans l'édition impériale.   POINT DE RÉPONSE.

— 428. Il passe les mots *i-i-khi*, « dans un seul vase (ils mangent), » et supprime ainsi cette observation que les Indiens ne font pas usage de plusieurs vases pour manger les différents mets dont se compose leur repas.

POINT DE RÉPONSE.

§ CXXXVII. — 429. Il rend *tchong-weï*, « assaisonnements nombreux, » par *tous les mets*. POINT DE RÉPONSE.

— 430. Il rend *thiao*, « assaisonner, » par *goûter*.

POINT DE RÉPONSE.

— 431. Il rapporte l'instrumental *cheou-tchi*, « avec les doigts de la main, » au mot précédent *assaisonner* (qu'il rend par *goûter*), tandis qu'il se rattache aux verbes suivants *chin-tcho*, puiser, prendre (les mets dans le plat).

POINT DE RÉPONSE.

— 433. Il rend *tcho*, seconde syllabe de *tchin-tcho* (*tirer les mets hors du plat*), par *distribuer*.

POINT DE RÉPONSE.

§ CXXXVIII. — 434. Il prend *le laiton* pour *le jade*.

POINT DE RÉPONSE.

— 435. Il rend *iu*, le jade, par le *jaspe*.

RÉPONSE NULLE.

Voyez 23ᵉ *point contesté*, pag. 98.

— 436. Il prend *ho-tchou*, sortes de lentilles de verre ou de cristal, pour de *la nacre*.   POINT DE RÉPONSE.

— 437. Après avoir divisé en deux la locution *mi-fo-ing-tsi*, (ces cinq produits) *sont entassés en abondance*, il rejette, au commencement de la phrase suivante, l'expression passive *ing-tsi*, être accumulé, qui termine celle-ci, et dont il fait le verbe actif *entasser*. POINT DE RÉPONSE.

§ CXXXIX. — 438. Par suite du déplacement de l'expression finale *ing-tsi*, « être accumulé, » il considère comme un régime direct (à l'accusatif) les quatre premiers mots du § suivant, qui sont au *nominatif*.

POINT DE RÉPONSE.

— 439. Il rend adjectivement le substantif *p'ao*, joyaux.

POINT DE RÉPONSE.

— 440. Il passe les trois mots *i-louï-tchou...*, différentes espèces, différents (noms).   POINT DE RÉPONSE.

— 441. Il construit *ming*, « nom, » de la locution *tchou-ming* (*différents noms*), avec le verbe *tch'ou*, provenir, (ces objets précieux *proviennent de*), et il traduit : « mais les *noms* M'ÉCHAPPENT, au lieu de : ils ont des NOMS différents. ILS PROVIENNENT DE ! !.   POINT DE RÉPONSE.

— 442. Il rend *haï-iu*, « les îles, » par *les golfes de la mer*.   POINT DE RÉPONSE.

— 443. Faute de bien ponctuer, il suppose que les Indiens *ne se servent point de monnaies*, tandis que le texte *dit positivement le contraire*.   POINT DE RÉPONSE.

— 444. Il construit le mot *yong*, l'EMPLOI (de leurs ri-

I I

chesses), avec les deux mots *kiao-thsien*, qui commencent
le membre suivant, et le rend par le verbe passif *être employé dans.* POINT DE RÉPONSE.

— 445. Il traduit le verbe composé *kiao-thsien*, échanger (ce qu'on a, YEOU, contre ce qu'on n'a pas, WOU), par
le commerce. De cette manière, il fait disparaître les deux
régimes directs de ce verbe. POINT DE RÉPONSE.

— 446. Il passe *yeou*, « ce qu'on a, les objets d'échange
que l'on possède » (régime direct du verbe précédent
échanger). POINT DE RÉPONSE.

— 447. Il prend *wou*, « ce qu'on n'a pas, c'est-à-
dire ici les objets d'échange dont on a besoin » (régime
du verbe précédent *échanger*), pour la négation *non, ne
pas*, et le rapporte aux deux mots suivants *monnaies d'or
et d'argent.* De cette manière, il fait faire à l'auteur un
contre-sens, savoir : « que les Indiens *n'ont pas de monnaies d'or et d'argent.* » POINT DE RÉPONSE.

— 448. Il rend *peï-tchou* (qu'il faut lire *tchou-peï*, « coquilles à perles, coquilles portant des perles, » par « de
grandes perles. » RÉPONSE NULLE.
Voyez 24° point contesté, page 99.

— 449. Il rend *kiu*, « être cité, énuméré » (qui se
rapporte à sept sujets précédents), par *se récolter*, en
parlant seulement *des perles. Kiu* n'a jamais ce sens, et
de plus il n'est nullement question ici *de la récolte des
perles.* POINT DE RÉPONSE.

— 450. Pour expliquer l'origine de ces *perles*, dont la
récolte n'est point mentionnée ici, il rend les mots *in-tou-
tchi-king*, « les frontières de l'Inde, » par « *les rivages* et
les frontières de l'Inde. » POINT DE RÉPONSE.

— 451. Il a cru que *tch'a*, les différences (de climat et
de sol) signifiait *envoyer un exprès dans.* (Voyez pag. 85,
lig. 38). POINT DE RÉPONSE.

— 452. Il se trompe en rendant *fong-jang*, « climat et
sol » (les différences de... et de) par *des contrées particu-*

lières (envoyer un exprès dans). » POINT DE RÉPONSE.

— 453. Il passe les mots *ta-lio-sse-tsaï* « (les différences de climat et de sol) sont indiquées, rapportées ici (dans cet ouvrage) d'une manière abrégée. » POINT DE RÉPONSE.

— 454. Les mots *thong-thiao-kong-kouan* signifient : « les articles semblables ont été liés ensemble. « M. Pauthier qui veut voir des perles dans les deux phrases précédentes et dans celle-ci, n'hésite pas à traduire : « Le plus souvent CES PERLES SONT ENFILÉES ENSEMBLE ET PAR ORDRE DANS UN MÊME FIL !!! » POINT DE RÉPONSE.

— 455. Les quatre mots *tsou-tchin-keng-kaï* signifient littéralement : « en gros, j'(en) ai exposé le résumé. M. Pauthier traduit : « *généralement parlant.* »
POINT DE RÉPONSE.

— 456. L'auteur parle des administrations et des mœurs qui diffèrent entre elles dans les diverses contrées de l'Inde qu'il a décrites. Il ne veut pas dire que ces modes d'administration et ces mœurs diffèrent de ce qu'on remarque en Chine. M. Pauthier traduit : « des mœurs *différentes de celles des Chinois.* » POINT DE RÉPONSE.

— 457. Il rend *kiu*, « se fonder, s'appuyer sur, » et adverbialement *suivant*, par *appartenir à* (un royaume).
POINT DE RÉPONSE.

— 458. Il rend le mot *koue* au singulier par *ce royaume* (de l'Inde), tandis qu'il doit être traduit au pluriel : « *les royaumes*, ou *chaque royaume*, » à cause des mots « différentes administrations, mœurs différentes. »
POINT DE RÉPONSE.

— 459. Il rend le mot *siu* par *nous entretènir !* Ce n'est qu'en style moderne que le mot *siu* veut dire « *converser sur ;* » en style ancien il signifie « disposer, ranger, exposer, » et au passif (comme ici) « être rangé, exposé. »

RELEVÉ DES FAUTES DÉMONTRÉES

DANS LES

EXERCICES PRATIQUES D'ANALYSE, DE SYNTAXE ET DE LEXIGRAPHIE CHINOISE [§§ 1-31] (1).

Les critiques des paragraphes 32-140 s'élevant à 459, nous continuons la série des chiffres depuis le § 1 jusqu'au § 31, afin de donner le nombre des erreurs relevées dans les 140 paragraphes de l'*Examen critique* et dans *la première réponse* de M. Pauthier.

§ 460. — M. Pauthier se trompe en soutenant qu'on ne peut admettre (en chinois) *deux génitifs de suite suivis du régime direct d'un verbe actif.* RÉPONSE NULLE.

Voyez le 2ᵉ *point contesté*, pag. 46.

§ 1 A. — 461. M. Pauthier se trompe en soutenant *que deux génitifs ne peuvent être régis l'un par l'autre, sans que le second soit précédé* (il fallait dire suivi) *de la particule* TCHI (marque du génitif), *pour qu'il n'y ait point d'amphibologie.* RÉPONSE ERRONÉE.

Voyez le 5ᵉ *point contesté*, pag. 53.

— 462. Pour montrer que plusieurs génitifs peuvent être indiqués par la position seule, sans qu'on emploie la particule *tchi* (marque ordinaire de ce cas), j'ai cité :

1° Trois de ces génitifs de suite.   POINT DE RÉPONSE.

2° Quatre de ces génitifs de suite.   POINT DE RÉPONSE.

3° Cinq de ces génitifs de suite.   POINT DE RÉPONSE.

---

(1) Cet ouvrage, destiné à réfuter la réplique de M. Pauthier insérée dans le Journal Asiatique de Paris (août et septembre-octobre 1841), a été distribué à la plupart des personnes qui reçoivent ce recueil. Il forme un volume in-8° de 270 pages. On le trouve à la librairie de Benjamin Duprat, n° 7, rue du Cloître-Saint-Benoît.

4º Six de ces génitifs de suite.   RÉPONSE ERRONÉE.

Voyez 4ᵉ, 6ᵉ, 7ᵉ, 8ᵉ *points contestés*, pag. 50, 55, 57, 58. Dans ces différents articles, j'ai montré, contrairement aux assertions de M. Pauthier, que les mots *in*, « introduction, » *Lao-tseu*, nom propre, *Si-youen* (plaine de l'ouest) et *Sie*, nom de famille, étaient bien au génitif.

— 463. Il se trompe sur le sens et la position grammaticale de *Si-youen*.   RÉPONSE ERRONÉE.

Voyez 9ᵉ *point contesté*, pag. 60.

§ 1 B. — 464. Il se trompe en soutenant que *kieou-fen* ne signifie pas *confusion*.   POINT DE RÉPONSE.

§ 2. — 465. Il se trompe en rendant adjectivement le mot *i* (il convient de) devant un verbe. POINT DE RÉPONSE.

§ 2 A. — 466. Il se trompe en disant qu'un adjectif peut être placé après un substantif, régi par un verbe actif, sans changer de rôle.   POINT DE RÉPONSE.

— 467. Il se trompe sur le rôle grammatical du mot *yun* (ici *prononcer* — un son).   POINT DE RÉPONSE.

— 468. Il se trompe sur le sens du mot *yun*, qui n'a jamais l'acception de *nommer*, *appeler*. POINT DE RÉPONSE.

§ 3 A. — 469. Il se trompe en rendant *tchou-fang*, « pays différents, » par *région* HUMILIÉE, SUBJUGUÉE, DÉTRUITE.   RÉPONSE NULLE.

Voyez 25ᵉ *point contesté*, pag. 101.

§ 3 B. — 470. Il se trompe en rendant *tchou* (décapiter quelqu'un), par le verbe neutre *périr, mourir*, dans le dictionnaire *Choue-wen-kiaï-tseu*.   POINT DE RÉPONSE.

§ 3 C. — 471. Il se trompe en soutenant que *tchou* a le sens neutre de *mourir, périr*, dans le dictionnaire impérial de *Khang-hi*.   POINT DE RÉPONSE.

§ 3 D. — 472. Il se trompe en rendant *thou* (route, chemin) par *boue, vase*, dans un certain passage du dictionnaire de *Khang-hi*.   POINT DE RÉPONSE.

§ 3 C. — 473. Il se trompe en rendant le verbe *tchou*, « rendre différent, » par l'adjectif *divers*, dans un passage du *Li-ki*.   Point de réponse.

§ 3 F. — 474. Il se trompe en affirmant que, dans le passage cité du *Li-ki*, il s'agit *d'instruments de supplice* (le texte parle au contraire *de bannières, de vases* et *d'armes*).

Point de réponse.

§ 3 G. — 475. Il se trompe en rapportant *tchou*, *rendre différent* (qu'il traduit par *divers*), aux mots *khi-kiaï*, *les ustensiles* des rites et de la musique, et *les armes* des soldats, tandis qu'il a pour régime le mot *hoeï-hao*, « les étendards. »   Point de réponse.

§ 3 H. — 476. Il n'a pas compris l'expression *hoeï-hao*, les étendards.   Point de réponse.

§ 4. — 477. Il rend *yao*, de loin, par *déchue* (grandeur *déchue*) !   Point de réponse.

— 478. Il rend *kiu*, « citer, mentionner, » par *grandeur* (grandeur déchue) !   Point de réponse.

§ 4 A. — 479. Il se trompe en rendant adverbialement (*en général*) le mot *tsong-ming*, « le nom général (de l'Inde), » régime direct du verbe *kiu*, citer, mentionner.

Point de réponse.

§ 4 B. — 480. Il se trompe en généralisant le mot samskrit *indou*, lune, et en supposant qu'on l'emploie pour qualifier *tout ce qui est beau*.   Point de réponse.

§ 4 C. — 481. Il se trompe faute de connaître le cas où un adjectif *positif* devient *superlatif* par position, comme dans cet exemple : « *les belles* des actions, c'est-à-dire *les plus belles* de toutes les actions. »   Point de réponse.

§ 4 D. — 482. Il se trompe en rendant *iu*, « dire, exprimer, » par le locatif *in-idiomate*, dans le langage. Devant *khi-so*, — Basile 618-321, — on ne trouve jamais qu'une *préposition* ou un *verbe*.   Point de réponse.

§ 4 E. — 483. Il se trompe en rapportant ici *khi*, de *khi-so*, à un autre verbe qu'à celui qui régit *so* (*quod*, à l'accusatif).   Point de réponse.

§ 4 F. — 484. Il se trompe en rendant l'accusatif *so*

(*quod*) au nominatif. POINT DE RÉPONSE.

§ 4 G. — 485. Il se trompe en rendant *so*, « que, le-quel, » par un verbe français (*être*) et un verbe latin (*esse*), qui ne sont pas susceptibles de l'avoir pour *régime direct.* POINT DE RÉPONSE.

§ 5 A. — 486. Il se trompe en soutenant que *tching* ne se prend jamais dans le sens de *nom.* POINT DE RÉPONSE.

§ 6. — 487. Il se trompe en rendant *hoeï* (revenir) par *tourner circulairement.* POINT DE RÉPONSE.

— 488. Il se trompe en prétendant que ma traduction de *lun-hoeï* (rotæ instar redire, i. e. vicissim nasci et mori) est contraire au *texte chinois*, et au *dogme indien de la mé-tempsycose.* POINT DE RÉPONSE.

§ 7. — 489. Il se trompe en rendant *wou-ming*, obscure (nuit) par : *ceux qui sont privés des lumières de l'intelli-gence.* POINT DE RÉPONSE.

§ 7 A. — 490. Il se trompe une seconde fois en retra-duisant *wou-ming*, « obscure » (nuit), par *wou*, « sans, » *ming*, « sa clarté » (sans la clarté de la lune!). POINT DE RÉPONSE.

§ 7 C. — 491. Il se trompe en rendant *tch'ang-ye*, « lon-gue nuit, » par *subir un long crépuscule.* POINT DE RÉPONSE.

§ 7 E. — 492. Il se trompe en rendant *sse-chin*, le ma-gistrat qui observe les heures (de la nuit), par *directrice lumière.* POINT DE RÉPONSE.

§ 7 F. — 493. Le mot *sse*, présider à, ne s'emploie ja-mais comme *attribut* d'un nom de chose. POINT DE RÉPONSE.

§ 7 G. — 494. Le mot *chin* (ici, le temps, les heures) ne peut se traduire par *lumière.* POINT DE RÉPONSE.

§ 7 H. — 495. L'expression *pe-ji* signifie *soleil éclatant* et non *soleil pâlissant.* POINT DE RÉPONSE.

§ 8. — 496. Il se trompe en rendant par *une succes-*

sion de, le verbe *ki,* succéder à.   Réponse nulle.

Voy. 15e *point contesté*, pag. 81.

§ 9. — 497. Il se trompe en disant que *j'ai ponctué le texte de la manière la plus contraire au texte et à la grammaire chinoise* (Voy. pag. 57 les preuves de cette erreur).

Point de réponse.

— 498. Il a passé le démonstratif *sse,* cette (cause, - *ces* raisons).   Point de réponse.

— 499. Il rend *in* (d'après cela) par *causes* et effets.

Point de réponse.

§ 9 A.— 500. Il considère l'adverbe *liang,* précisément, en vérité, comme un substantif *l'excellence* (*de la lune,*— suivant lui).   Point de réponse.

— 501. En écrivant *l'excellence de la lune,* il construit au génitif le mot *youeï* (lune), régime indirect du verbe *pi,* « comparer » (comparer leur pays *à la lune*).

Point de réponse.

— 502. Il a fabriqué l'expression composée *youeï-liang* (suivant lui, *l'excellence de la lune*), qui n'existe point en chinois.   Point de réponse.

§ 9 C. — 503. Il croit que *i,* parce que, de *liang-i* (c'est précisément *parce que*), signifie *avec,* dans cette phrase : *comparer la lune* avec.   Point de réponse.

— 504. Il regarde le locatif *khi-thou,* « dans ce pays » (les saints et les sages se sont succédé les uns aux autres), comme le régime indirect du verbe *comparer* (suivant lui : comparer la lune avec leur pays !)

Point de réponse.

§ 9 D. — 505. Il se trompe en rendant le verbe *ki,* continuer (l'ornière, c'est-à-dire suivre les traces des prédécesseurs) par l'adverbe *successivement.*

Point de réponse.

§ 9 E. — 506. Il avait d'abord construit *koueï* (ornière d'un char), régime direct du verbe *ki,* continuer, avec *tao,* « diriger, » dont il est séparé par un point dans l'édition impériale, et avait rendu cette expression barbare *koueï-tao* par *saisir des rapports.* POINT DE RÉPONSE.

— 507. Il a fait une seconde erreur en répondant, dans sa première réplique, qu'ici *koueï*, ornière (de l'expression *continuer l'ornière*), signifiait *agir en se conformant à la loi.* POINT DE RÉPONSE.

§ 9 F. — 508. Il se trompe en soutenant qu'ici *koueï* (ornière) est presque synonyme du verbe *tao*, « diriger. » Cette erreur vient de ce qu'il prend notre mot *tao*, « diriger » (*Bas.* 2,202), pour le mot *tao*, « voie » (*Bas.* 11,117). POINT DE RÉPONSE.

§ 10. — 509. Il se trompe en soutenant qu'il n'y a point ici de mot signifiant le *siècle.* POINT DE RÉPONSE.

— 510. Il se trompe en rendant *iu*, gouverner (les êtres), par « *en faire une application spéciale* » (aux choses qui, etc.). POINT DE RÉPONSE.

§ 10 B. — 511. Il se trompe en rendant *we*, « *les êtres qui respirent,* » par « *les choses* » (qui s'étendent au loin). POINT DE RÉPONSE.

§ 10 C. — 512. Il se trompe en prenant *we*, « *les êtres qui respirent,* » régime direct du verbe *iu* (gouverner), pour le sujet du mot *lin*, « s'approcher » (dont le nominatif est *youeï*, la lune). POINT DE RÉPONSE.

§ 10 D. — 513. Il se trompe en rendant *lin* « s'approcher » (en parlant de la lune), par *s'étendre au loin* (en parlant des choses). POINT DE RÉPONSE.

§ 10 E. 514. Il se trompe en rendant le verbe *tchao*, briller, par *l'éclat.* De cette manière il détruit l'expression indivisible *tchao-lin*, *fulgendo appropinquare.* POINT DE RÉPONSE.

— 515. Il se trompe en construisant au génitif, le mot *youeï*, « la lune, » sujet du verbe composé *tchao-lin*, « *fulgendo appropinquare* ». POINT DE RÉPONSE.

§ 11. — 516. M. Pauthier se trompe en affirmant que *le sens* du mot samskrit *indou*, lune, est dérivé des considérations que présente le voyageur. Ces considérations, exposées par *Hioueng-thsang,* nous apprennent uniquement pourquoi l'on a employé ce mot *indou,* pour désigner par emphase l'*Inde.* POINT DE RÉPONSE.

§ 11 A. — 517. Il se trompe en rendant par « *cela,* » le démonstratif *chi,* « cette, » qui se construit avec *i,* idée, (*cette idée*—attachée figurément au mot *lune*). POINT DE RÉPONSE.

— 518. Il se trompe en construisant au nominatif le mot *i,* idée, qui est au génitif, étant suivi de *kou,* cause, (de cette idée—l'origine). POINT DE RÉPONSE.

—519. Il se trompe en rendant *kou,* « cause » (la cause, l'origine de cette idée), par l'adverbe *c'est pourquoi.* POINT DE RÉPONSE.

§ 12 A. — 520. Il se trompe en rendant *te,* qui se trouve devant un verbe, par l'adjectif *seul,* au lieu de *spéciale-ment, particulièrement.* POINT DE RÉPONSE.

§ 12 B. — 521. Il se trompe en regardant *tching* (nom, qu'il rend par *instructions*) comme le nominatif d'un verbe précédent, ce qui est contraire à la syntaxe. POINT DE RÉPONSE.

§ 12 C. — 522. Il se trompe en voulant rendre la pré-position *thsong,* « d'après, suivant, » par la préposition *e, ex,* indiquant *l'origine, la sortie.* Pour cela, il faudrait ab-solument que le régime de *thsong,* « e, ex, » fût suivi d'un verbe exprimant l'idée de *venir, sortir, naître* (voir les preuves). POINT DE RÉPONSE.

§ 12 D. — 523. Il se trompe en subordonnant le génitif *khi* (*eorum,* d'eux — la qualification distinguée, c'est-à-dire LEUR qualification distinguée) au mot *thsong* (sui-vant lui « *sortir* ») : c'est D'EUX, dit-il, que sortent les in-structions... (comme s'il y avait en latin : *exeunt ex* ILLIS). POINT DE RÉPONSE.

§ 12 E. — 524. Le pronom *khi* ne peut être isolé et si-gnifier *lui, elle, eux,* lorsqu'il est précédé d'une préposi-

tion, comme *thsong*, « e, ex, » indiquant, suivant M. Pauthier, *la sortie—l'origine*. Ainsi l'on ne dirait pas *thsong-
khi*, « ex illo, ex illis. »   Point de réponse.

§ 12 F. — 525. Il se trompe en soutenant que l'adjectif
ya ne signifie jamais *élégant, distingué*.
                                 Point de réponse.

§ 12 G. — 526. Il se trompe en soutenant que le mot
tch'ing ne peut signifier *nom, qualification*.
                                 Point de réponse.

§ 12 H. — 527. Il se trompe en soutenant que *tch'ing*
(ici *nom, qualification*) signifie *paroles, instructions*, suivant le dictionnaire impérial de *Khang-hi* et le dictionnaire
I-wen-pi-lan.   Point de réponse.

§ 12 I. — 528. Il se trompe lorsqu'il affirme que j'al-
tère le texte en disant que *tch'ouen-i* est ici pour *i-tch'ouen*
(par tradition). Preuves de mon explication.
                                 Point de réponse.

§ 12 J. — 529. Il se trompe en disant que *tch'ouen-i*,
signifie ici *être transmis* pour.   Point de réponse.

§ 12 K. — 530. Il se trompe en rendant *tch'ing*, devenir
(un usage) par *perfectionner* (les mœurs).

— 531. Il se trompe en rendant *sou*, usage (dans *tch'ing-
sou*, passer en *usage*, par « *les mœurs* » (perfectionner).
                                 Point de réponse.

§ 12 L. — 532. Il n'a pas compris le mot *pie*, « la distinction » (des limites particulières de l'Inde, c'est-à-dire
les différentes parties de l'Inde).   Point de réponse.

— 533. Il fait dire à l'auteur « qu'il *ne parlera point
de l'étendue et des limites de l'Inde*, » tandis qu'il en parle
précisément dans la phrase qui suit.   Point de réponse.

§ 13. — 534. M. Pauthier se trompe en rendant *jo*,
« quant à, pour ce qui regarde, » par *si*. Pour qu'il ait
le sens de la conjonction conditionnelle *si*, il faut qu'il
soit suivi d'un *verbe*.   Réponse nulle.

Voyez 19ᵉ *point contesté*, pag. 92.

§ 13 A. — 535. Il se trompe en rendant *yu*, « la démarcation, les limites, » par *les contrées*. POINT DE RÉPONSE.

§ 13 B. — 536. Il se trompe en rendant *fong*, littéralement *terre accumulée, levée de terre* (1re syllabe de *fong-kiang*, frontières), par le verbe *se communiquer*.

POINT DE RÉPONSE.

§ 13 C. — 537. Il se trompe en disant que *yen*, « dire, énoncer, » signifie ici *appeler, nommer*. POINT DE RÉPONSE.

— 538. Il se trompe en empiétant d'un membre de phrase sur l'autre, et en regardant le nominatif *king*, « les limites » (les limites de l'Inde embrassent, *etc.*), comme le régime direct du verbe *yen*, « énoncer, » qui complète le membre de phrase précédent et en est séparé par un point (°) dans l'édition impériale.   POINT DE RÉPONSE.

— 539. M. Pauthier ayant supprimé le sujet du verbe *tcheou*, « embrasser une circonférence, une étendue de, » en rejetant le nominatif *king* (les limites) dans le membre précédent, s'est vu forcé de lui donner pour *sujet* le mot *pays* qui ne saurait remplacer le mot *limites*.

POINT DE RÉPONSE.

§ 14. — 540. Il se trompe en appliquant à une mer particulière l'expression *ta-haï*, qui peut s'appliquer à toute sorte de *grande mer*.   POINT DE RÉPONSE.

— 541. Il se trompe en pensant que l'expression *sioue-chan*, « montagnes neigeuses, » (qui peut s'appliquer à toute sorte de montagnes couvertes de neige) désigne uniquement le groupe de l'*Himâlaya*. POINT DE RÉPONSE.

— 542. Nous voyons dans le texte : *au nord, il* (ce royaume) EST LARGE ; *au midi, il est étroit*.

M. Pauthier a détruit ce parallélisme en rendant *kouang*, « , il est large » (dont l'opposé est *hia*, « il est étroit), » par *s'étendre au sud*.   POINT DE RÉPONSE.

— 543. Il a empiété du premier membre de phrase sur le second, en construisant le mot *kouang*, « être large, »

avec le mot *nân*, au midi, dont il est séparé par un point
(°) dans l'édition impériale.

Du reste, dans une édition non ponctuée, cette sépara-
tion est suffisamment indiquée par le parallélisme. (Voy.
plus haut n° 542). POINT DE RÉPONSE.

— 544. Il se trompe en rapportant le mot *hia*, « être
étroit » (au sud, *il est étroit*), au mot « forme » (sa forme
étroite, — suivant M. Pauthier), et en le transformant
ainsi en adjectif, quoiqu'il soit évidemment un *verbe neutre*
par sa position. POINT DE RÉPONSE.

— 545. Il construit à contre-sens le mot *nân*, sud, qui,
indiquant ici une position (au sud), ne peut être construit
qu'avant un verbe (le verbe *hia*, être étroit).
POINT DE RÉPONSE.

— 546. Il rapporte à la direction du *sud* le mot *kouang*,
« être large, » qui se rapporte à la direction du *nord* (*au
nord, il est large;* au sud, il est étroit).
POINT DE RÉPONSE.

— 547. M. Pauthier n'a vu dans ce passage que *la partie étroite* de l'Inde, à laquelle il donne une forme *étroite*
et *allongée*, ce qui est contraire au texte (au nord, ELLE
EST LARGE). POINT DE RÉPONSE.

§ 15. — 548. Il a enfreint la règle du génitif (voir les
preuves, pag. 116). POINT DE RÉPONSE.

§ 16. — 549. Il se trompe en soutenant que le mot *chi*
(vulgo *temps*) ne peut jamais signifier *toujours*, *en tout
temps*. POINT DE RÉPONSE.

— 550. Il se trompe encore en rendant ici l'adverbe
chi (en tout temps) par *les saisons*. POINT DE RÉPONSE.

§ 16 A. — 551. Il se trompe en rendant ici *te* (spécia-
lement, particulièrement), par *seulement*.
POINT DE RÉPONSE.

§ 16 B. — 552. Il se trompe en disant qu'il n'y a point
de verbe dans cette phrase. POINT DE RÉPONSE.

§ 17. — 553. Il se trompe en prétendant que *in-tchin*

ne peut signifier ici *former une chaîne* (en parlant des montagnes.) POINT DE RÉPONSE.

§ 17 A. — 554. Il se trompe en rendant *in*, première syllabe de *in-tchin*, « former une chaîne » (de montagnes), par *cacher dans son sein*. POINT DE RÉPONSE.

— 555. Il se trompe en rendant *tchin*, seconde syllabe de *in-tchin* (être lié, former une chaîne), par l'adjectif *transversal*. POINT DE RÉPONSE.

— 556. Il se trompe en prenant les nominatifs *khieou-ling*, « collines et tertres, » pour les régimes directs d'un verbe CACHER qui n'existe pas dans notre passage.

POINT DE RÉPONSE.

§ 17 B. — 557. Il se trompe en traduisant par *mines de sel*, le verbe *si-lou*, « être imprégné de sel, » dont le sujet est *les collines* et *les tertres*. POINT DE RÉPONSE.

— 558. Il se trompe en rapportant ce verbe *si-lou* aux montagnes (*chan-feou*) qui sont caractérisées par l'expression *in-tchin*, « former une longue chaîne. »

POINT DE RÉPONSE.

§ 17 C. — 559. En traduisant : « les montagnes *cachent dans leur sein* des collines *transversales*, » M. Pauthier a-t-il cru entendre que l'auteur chinois (qui vivait au commencement du 7ᵉ siècle), avait eu une connaissance anticipée de la théorie de *la formation des montagnes par soulèvement ?* POINT DE RÉPONSE.

§ 18. — 560. Il se trompe gravement en traduisant le mot *tch'ouen*, ici « vallée, » par « courant d'eau, » et en soutenant qu'il n'a jamais le sens que je lui ai donné.

POINT DE RÉPONSE.

§ 18 A. — 561. Il détruit la symétrie de la phrase en faisant avec les deux nominatifs *tch'ouen*, « les vallées, » et *ye*, « les plaines, » un membre de phrase présentant un sens complet. Pour cela, il ajoute le verbe *traverser* qui n'existe point dans le texte. Ainsi, au lieu de « *les vallées et les plaines*, » il écrit « *les courants d'eau* (c'est ainsi qu'il rend *tch'ouen*, qui signifie ici vallées) TRAVERSENT les plaines désertes! » POINT DE RÉPONSE.

— 562. Il empiète du premier membre de phrase sur le second en rendant le verbe neutre *wo-jun*, « être humide» (qui a pour sujets les deux nominatifs précédents, « *les vallées et les plaines* ») par le verbe actif *arroser*, et en lui donnant pour régime direct le nominatif dissyllabe *tcheou-long*, « les champs, » qui commence le second membre. POINT DE RÉPONSE.

— 563. Il rend le verbe neutre *kao-yu*, « sont gras et fertiles » (les champs), par *venir former un sol riche et fertile.* » Si l'on adoptait l'acception qu'il lui plaît de donner à *kao-yu*, l'on arriverait à ce sens : *les champs* (car *tcheou-long*, « champs, » est bien le sujet du verbe *kao-yu*) viennent *former un sol riche et fertile !* POINT DE RÉPONSE.

§ 19. — 564. Il se trompe gravement en rendant *ta-kaï*, « un résumé, un abrégé, » par UNE GRANDE PLAINE SABLON-NEUSE! POINT DE RÉPONSE.

§ 20. — 565. Il se trompe en rendant *jo* (ici , quant à) par *si*. Pour qu'on rende le mot *jo* par la conjonction conditionnelle *si*, il faut absolument qu'il soit suivi d'un verbe (Voy. *Exercices pratiques*, 13 A. — Voyez aussi 19e *point contesté*, pag. 92.) POINT DE RÉPONSE.

§ 20 A. — 566. Il se trompe en rendant *in*, de l'expression *in-li* (éclipse de lune), par *le principe des ténèbres.* POINT DE RÉPONSE.

§ 20 B. — 567. Il se trompe en rendant adjectivement par *successif* le mot *thse*, première syllabe de *thse-che*, mansions (du soleil et de la lune). POINT DE RÉPONSE.

§ 20 C. — 568. Il passe le mot *tching-weï*, « les noms, les dénominations, » sujet du verbe *tchou*, « différer » (quoique les *noms* diffèrent). POINT DE RÉPONSE.

— 569. Il se trompe en rendant *tchou*, « différer » (les

noms *différent*), par *n'être plus* (comme s'il disait *être détruit*), — le temps QUI N'EST PLUS !

Le mot *tchou*, « différer, » terminant un membre de phrase, ne peut se rapporter au mot suivant *chi* (vulgo temps), 1° parce que le sujet d'un verbe ne se place point après ce verbe ; 2° parce que *tchou* et *chi* sont séparés par un point dans l'édition impériale, etc. POINT DE RÉPONSE.

§ 20 D. — 570. Il rend *heou*, seconde syllabe de *chi-heou*, temps, par *n'être pas encore* (temps qui *n'est pas encore* !). POINT DE RÉPONSE.

§ 20 E. — 571. Il se trompe en disant que le grand répertoire lexicographique intitulé *Peï-wen-yun-fou* n'est qu'une sorte de *Gradus ad Parnassum*. POINT DE RÉPONSE.

§ 20 F. — 572. Il se trompe en supposant que les Indiens « ont besoin de se conformer à la position des astres *et de prendre la lune pour régulateur*, » afin de nommer les périodes de temps, SAISONS. Le mot samskrit *ritou*, « saison, » (dérivé du verbe *ri*, aller, et de l'affixe *tou*) n'a rien de commun avec *la position des astres ni avec la lune*. POINT DE RÉPONSE.

— 573. Il se trompe en rendant *piao*, signaler, indiquer (les noms des lunes), par *prendre pour régulateur*. POINT DE RÉPONSE.

— 574. Il se trompe en prenant le génitif *youeï*, « des lunes (les noms des), » pour le régime direct du verbe *piao*, indiquer. POINT DE RÉPONSE.

— 575. Il se trompe en rejetant dans la phrase suivante le mot *ming*, les noms (*nomina*, à l'accusatif), régime direct du verbe *indiquer* (indiquer les NOMS des lunes), et en le métamorphosant en un verbe actif (*nommer*). POINT DE RÉPONSE.

— 576. Il se trompe en rendant par « saisons » le mot *chi*, « temps, » qui appartient à une phrase tout-à-fait distincte de la précédente (*le temps* le plus court s'appelle *thsa-na*). POINT DE RÉPONSE.

§ 21.— 577. Il se trompe en rendant le mot *tang*, « équivaloir, correspondre, » par IL FAUT *compter*.

POINT DE RÉPONSE.

§ 21 A. — 578. Il se trompe en disant que *tang* n'a pas le sens d'*équivaloir* dans le dictionnaire *Choue-wen*.

POINT DE RÉPONSE.

§ 21 B. — 579. Il se trompe en disant que *tang* n'a pas le sens d'*équivaloir* dans le dictionnaire impérial de *Khanghi*.

POINT DE RÉPONSE.

580. Il se trompe en soutenant que *tang* n'a pas le sens de *correspondre* dans le dictionnaire *I-wen-pi-lan*.

POINT DE RÉPONSE.

— 581. Faute d'entendre les exemples latins *unum valet decem, valet pro filio*, il se trompe en soutenant que *tang* n'a pas le sens d'*équivaloir* dans le dictionnaire du P. Basile de *Glémona*. POINT DE RÉPONSE.

§ 22. — 582. Il se trompe en rendant ici *ngan-kiu*, « retraite (c'est-à-dire l'état d'une personne dévote qui reste en repos pour se livrer à des exercices de piété), » par *la demeure de la grande tranquillité*, ou *monastère bouddhique*. RÉPONSE NULLE.

Voyez 14e *point contesté*, pages 76-80.

§ 22 A. — 583. Il se trompe en soutenant qu'ici *tso* signifie *s'asseoir les jambes croisées*. Cette idée se rend en chinois par *kie-kia-tso* ou *kia-fou-tso*. D'un autre côté (ainsi que je l'ai montré, *Exerc. prat.*, page 188), le mot *tso* (1572) veut dire ici *être sédentaire*). POINT DE RÉPONSE.

§ 22 B. — 584. Il a passé le mot *liang*, « deux (ils font DEUX retraites), » parce qu'ayant rendu *ngan-kiu* (retraite) par *monastère bouddhique*, il n'a pas osé écrire : « *ils se retirent les jambes croisées dans* DEUX *monastères bouddhiques.* » Il a remplacé *deux* par l'adjectif *grand* !

POINT DE RÉPONSE.

§ 22 C. — 585. Il se trompe en trouvant dans le mot *kiu* (vulgo *habiter*), de l'expression *ngan-kiu*, l'idée de re-

pos, qui est renfermée dans la syllabe *ngan.*

RÉPONSE NULLE.

Voyez 13e *point contesté,* pages 72-76.

— 586. Il fait un double contre-sens en voulant traduire une définition chinoise du dictionnaire *I-wen-pi-lan.*

RÉPONSE NULLE.

§ 22 D. — 587. Il se trompe en coupant en deux l'expression indivisible *kiu-sse* (le lettré RETIRÉ, c'est-à-dire qui vit dans la retraite), expression qui paraît lui être inconnue.   RÉPONSE NULLE.

Voyez 13e *point contesté,* pages 72-76.

— 588. Il se trompe en rendant par le mot *lieu,* le participe *kiu,* « retiré, vivant dans la retraite. »

RÉPONSE NULLE.

Voyez 13e *point contesté,* pages 72-76.

§ 22 E. — 589. Il se trompe en rendant l'adjectif *thsien,* antérieur (de l'expression *thsien-san-youeï,* les trois mois antérieurs), par AVANT *trois lunes.*   POINT DE RÉPONSE.

— 590. Il se trompe en rendant l'adjectif *heou,* postérieur (de l'expression *heou-san-youeï,* les *trois mois* qu'on appelle *antérieurs*), par *après trois lunes.*

POINT DE RÉPONSE.

§ 22 F.—591. Il se trompe en soutenant que le mot *hoe,* répété (*hoe...hoe*), ne signifie jamais *tantôt, tantôt.*

POINT DE RÉPONSE.

§ 23. — 592. Il se trompe en rendant *tang,* équivaloir, correspondre, par IL FAUT *compter.* Le sens d'*équivaloir, correspondre,* est appuyé par quatre dictionnaires chinois et dix-huit exemples authentiques.   POINT DE RÉPONSE.

§ 24. — 593. Il se trompe en rendant par la préposition *avant,* le mot *thsien* qui est ici adjectif (*antérieur, précédent*), parce qu'il est placé devant un substantif. De cette manière, il traduit *thsien-taï,* générations précédentes (les hommes des), par AVANT *l'époque où.*

POINT DE RÉPONSE.

§ 24 A. — 594. Il commet une faute grave contre la logique, en écrivant : AVANT qu'on n'eût traduit les livres réglementaires, on devait faire cette retraite soit en été, soit après le solstice d'hiver.

Comme ce sont les traités réglementaires qui déterminent l'époque de la retraite, il est évident qu'elle n'aurait pu être connue ni fixée, en Chine, avant qu'on n'en eût publié la traduction chinoise. POINT DE RÉPONSE.

§ 24 B. — 595. Il se trompe en rendant le mot *yun*, « prononcer » (un son), par *ils disaient*, c'est-à-dire exprimaient l'opinion (qu'il fallait). POINT DE RÉPONSE.

— 596. Il se trompe en ajoutant deux fois les mots *il fallait*, dont le texte n'offre aucune trace.

— 597. Il se trompe en voulant rendre l'idée qu'il croit renfermée dans *tso-hia* et *tso-la*, ce qui fait disparaître entièrement la différence d'orthographe ou de prononciation que l'auteur veut indiquer (ils disent tantôt *tso hia*, tantôt *tso-la*), différence qui n'est appréciable à l'œil ou à l'oreille, que si l'on se borne à transcrire *ces deux mots* sans les traduire. POINT DE RÉPONSE.

§ 24 C. — 598. Il se trompe en rendant *hia*, « la retraite d'été, » par *l'été*. POINT DE RÉPONSE.

§ 24 D. — 599. Il se trompe en rendant *la* (qui doit se lire ici avec la clef 142, et signifie *cire*) par : « *quelque temps après le solstice d'hiver*. »

L'erreur qu'il a commise vient de ce qu'il a pris *la*, qui signifie quelquefois un certain *sacrifice*, pour l'ÉPOQUE à laquelle on offre ce *sacrifice*. POINT DE RÉPONSE.

§ 24 F. — 600. Il se trompe en traduisant *siu*, qui signifie *jour* en cet endroit (Cf. *Yun-fou-kiun-yu*, liv. XVI, fol. 3, *v.*), par le mot *heure*. POINT DE RÉPONSE.

— 601. Il se trompe en rendant *tchi*, « le point le plus élevé » (dans l'expression *tong-tchi*, le solstice d'hiver), par *l'arrivée* (de l'hiver). POINT DE RÉPONSE.

§ 24 H. — 602. Il se trompe en rendant *la*, qui signifie

(dans le passage cité du *Li-ki*) *sacrifier des animaux pris à la chasse*, par *la troisième heure de la nuit*.

POINT DE RÉPONSE.

§ 24 I. — 603. Il fait preuve d'une légèreté blâmable en regardant le mot *tcha* (sacrifice offert à tous les esprits), comme synonyme de *la* (lisez *lie*), *sacrifice offert aux ancêtres*. POINT DE RÉPONSE.

§ 24 J. — 604. Il se trompe en rendant *kia* de *tao-kia* (les sectateurs du *Tao*) par les FAMILLES des *Tao-sse*.

POINT DE RÉPONSE.

Voy. 26ᵉ *point contesté*, pag. 103.

—605. Il se trompe en rendant par *heure sainte* le mot *la*, qui, dans le langage des *Tao-sse*, désigne un JOUR particulier de certains mois. POINT DE RÉPONSE.

§ 24 K. — 606. Il se trompe en soutenant que *tso-la* désignait *la seconde retraite* qui, suivant lui, commençait *immédiatement après le solstice d'hiver* (après le 22 décembre), tandis que, d'après le texte de notre auteur, elle finissait *un mois après le commencement de l'automne*.

§ 25. — 607. Il se trompe en affirmant qu'on ne dit pas en chinois *ta-in*, posséder la prononciation d'une langue.

POINT DE RÉPONSE.

— 608. Il se trompe en rendant *ta*, « *posséder parfaitement* (la prononciation d'une langue), » par *pénétrer* (dans un pays). POINT DE RÉPONSE.

§ 25 A. — 609. Il se trompe en affirmant *qu'on n'a jamais dit* (en chinois) « *la véritable prononciation* D'UN ROYAUME,» pour *la prononciation* DE LA LANGUE *d'un royaume* (voir les preuves du contraire). POINT DE RÉPONSE.

§ 25 B. — 610. Il se trompe en rendant *pien-i*, les peuples qui habitent au-delà des frontières (ne possèdent pas la prononciation), par ces *habitudes étrangères*.

POINT DE RÉPONSE.

— 611. Il se trompe en rendant *tchou-sou*, « les hommes qui ont des usages différents , » c'est-à-dire *les peuples étrangers* (ne possèdent pas la prononciation), par ces *coutumes étrangères* (n'avaient pas encore pénétré).

Nous avons vu plus haut qu'il avait donné à *ta*, « pénétrer, posséder à fond, » le sens de *pénétrer* dans un pays.
POINT DE RÉPONSE.

§ 25 C. — 612. Il se trompe en rendant *fang-yen*, « les *mots des pays étrangers*, » par « le langage dans LES PROVINCES. »
POINT DE RÉPONSE.

— 613. Il se trompe en commençant un membre de phrase par l'expression *tching-in*, « la vraie prononciation » (régime direct du verbe précédent *ta*, posséder parfaitement), et en la rapportant *à la prononciation des termes samskrits*, tandis qu'elle s'applique évidemment à *la prononciation du chinois* (les peuples qui habitent au-delà des frontières et les étrangers, dit l'auteur, *ne possèdent pas la vraie prononciation de la Chine*, c'est-à-dire *de la langue chinoise*).●
POINT DE RÉPONSE.

§ 25 D. — 614. Il se trompe en rendant *yong*, « *être compris clairement*, » par *être en parfaite harmonie avec*.
POINT DE RÉPONSE.

— 615. Il se trompe en rendant *yen*, qui signifie ici des *termes détachés*, par *le langage*.   POINT DE RÉPONSE.

— 616. Il se trompe en rendant *weï*, « pas encore, » par *jamais*.
POINT DE RÉPONSE.

— 617. Il se trompe sur l'application du mot *fang-yen*, qui signifie ici *mots étrangers*, aux yeux des Chinois, et non *idiomes différents d'une province de l'Inde à l'autre* (il s'agit au contraire de *mots détachés*).
POINT DE RÉPONSE.

§ 26. — 618. Il se trompe en rendant *ji-youeï*, « jours et mois » (différence de jours et de mois), par LE SOLEIL et LA LUNE !)   POINT DE RÉPONSE.

§ 26 A. — 619. Il se trompe en rapportant l'expression *ts'an-t'se*, « inégal, différent » (en parlant des dates chronologiques), au style d'un écrivain (*des termes irré-*

guliers). POINT DE RÉPONSE.

—620. Il se trompe en rendant *yu*, « la narration, le récit, » par les *termes* (dont se sert un auteur). Cette erreur vient de ce qu'il a construit ce mot avec l'expression *ts'an-ts'e*, « inégalité, non-conformité, » dont il est séparé par un point (₀) dans l'édition impériale. POINT DE RÉPONSE.

§ 26 B.—621. Il se trompe en croyant que *heou-ki*, «posterior narratio » (la partie suivante du récit), signifie un *récit qui n'est pas original*, que l'on tient *d'une autre personne*, DE SECONDE MAIN. POINT DE RÉPONSE.

— § 26 C.— 622. Il se trompe en affirmant qu'il n'y a, dans la partie subséquente de la relation d'*Hiouen-thsang*, aucun détail relatif aux cinq circonstances principales de la vie de *Bouddha*. POINT DE RÉPONSE.

§ 26 D. — 623. Il se trompe en disant que, dans notre passage, il n'y a pas un seul mot signifiant *calculer*. POINT DE RÉPONSE.

§ 26 E. — 624. Il se trompe en rendant par « TOUT *pris dans un sens collectif*, » le mot *kiaï*, qui signifie ici « *l'un et l'autre, les uns et les autres.* » POINT DE RÉPONSE.

§ 26 F. — 625. Il se trompe en rendant le mot *thse* (dans une définition lexicographique) par *accusation, énonciation, énumération*, tandis que, dans ce cas, il signifie *terme, expression*. POINT DE RÉPONSE.

— 626. Il se trompe en rendant *kiu*, « tous, totalité » (dans *kiu-thse*, terme de *totalité*, c'est-à-dire exprimant l'idée de *la totalité*), par *cumulative* (accusation *cumulative*)! POINT DE RÉPONSE.

§ 26 G. — 627. Il se trompe en prenant *pé-thie*, LE CO-TON, pour de la *fine laine blanche*. POINT DE RÉPONSE.

§ 26 H. — 628. Il se trompe en rendant *ye-thsan-sse, soie de vers à soie sauvages*, par de la *soie écrue*.

— 629. Il ignore la différence qui existe entre *les vers à soie sauvages et les vers à soie domestiques*, ainsi qu'entre les deux espèces de soie fort différentes que produisent les uns et les autres. POINT DE RÉPONSE.

— 630. Il se trompe en définissant ainsi la soie écrue :
La soie écrue est celle que l'on tire sans feu, et que l'on dé-vide sans faire bouillir le cocon.

Il y a ici deux erreurs : 1º *La soie écrue* est celle dont
le fil, préparé pour le tissage ou tissu, n'a été ni lavé ni
bouilli dans la teinture. POINT DE RÉPONSE.

— 631. 2º Il n'existe aucune soie grège que l'on ait pu
dévider sans faire dissoudre la gomme des cocons dans
une eau presque bouillante. POINT DE RÉPONSE.

§ 26 I. — 632. Il se trompe en soutenant que les mots
ma et *ta-ma*, chanvre, grand chanvre (par opposition avec
le lin, que les Chinois appellent quelquefois *chanvre-nain*),
doivent se traduire par *lin*, *grand-lin*. POINT DE RÉPONSE.

§ 27. — 633. Il se trompe en rendant par *étoffes*,
l'adjectif composé *si-juen* (fin et souple), appliqué ici à
des *poils d'animaux* et à des *filaments textiles.*
POINT DE RÉPONSE.

§ 27 A. — 634. Il se trompe en affirmant que *tsi-tsi*,
« filer » (des matières textiles), signifie ici *tisser à la main.*
POINT DE RÉPONSE.

§ 27 B. — 635. Il se trompe en appliquant l'expres-sion *kien-tchin*, « être estimé, » *au tissage manuel des
étoffes de l'Inde* (dont il n'est point question ici), tandis
qu'il se rapporte à la qualité *des poils d'animaux, de la
soie et des fibres végétales* qui sont susceptibles d'être filés.
POINT DE RÉPONSE.

§ 27 C. — 636. Il a passé les mots *eul-tchong-fo-yong*,
« et on les emploie à faire des habits. »
POINT DE RÉPONSE.

§ 28. — 637. Il se trompe en soutenant que *lie* ne peut
se rendre par *violent*, ni être le qualificatif de *fong*, vent.
POINT DE RÉPONSE.

§ 28 A. — 638. Il se trompe en affirmant que lors-que deux adjectifs se rapportent à deux mots qui précèdent, le premier adjectif se rattache CONSTAMMENT au premier de ces mots, et le second adjectif au second.

RÉPONSE NULLE.

Voyez 27e *point contesté*, pag. 106.

§ 28 B. — 639. Il se trompe en séparant en deux l'adjectif indivisible *han-lie* (glacial), et en rejetant *lie* dans la phrase suivante.   POINT DE RÉPONSE.

— 640. Il se trompe en rendant *lie* (seconde syllabe de *han-lie*, glacial) par *les chaleurs*.   POINT DE RÉPONSE.

— 641. Il se trompe en faisant le verbe *durer peu* (littéralement *être court*, en parlant des *chaleurs*, dont il n'est point question *ici*), du mot *toen*, *courte* (brevis), attribut du mot *tchi*, « façon des habits. »

POINT DE RÉPONSE.

— § 28 C.— 642. Il passe le mot *tchi*, « façon des habits, » qu'il avait séparé de son épithète *toen*, « courte, » dont le rôle grammatical lui échappait.   POINT DE RÉPONSE.

— 643. Il se trompe en rendant l'adjectif *pien*, « étroit,» par « COURT et ÉTROIT. »   POINT DE RÉPONSE.

— 644. Il se trompe en supprimant le complément du verbe *thong*, « être semblable, » et en en faisant un nominatif par lequel il commence la phrase suivante.

POINT DE RÉPONSE.

§ 29. — 645. Il se trompe en faisant rapporter *aux vêtements des barbares* (par suite de l'intrusion des mots *houfo*, qui appartiennent au membre de phrase précédent), *les ornements bizarres et la forme étrange* dont il s'agit ici, et qui ne s'appliquent qu'aux vêtements des hérétiques.

POINT DE RÉPONSE.

§ 29 A. — 646. M. Pauthier n'ayant point compris le sens de l'adverbe modificatif *po*, « beaucoup » (ressemblent *beaucoup*), s'est trompé en soutenant qu'ici le mot *thong* indiquait une *identité complète*.   POINT DE RÉPONSE.

— 647. Par suite d'une ponctuation vicieuse (il a terminé le sens à *po-thong*, ressemblent *beaucoup à* — ce qu'il rend par c'est comme), il a séparé ce verbe de son complément, et s'est trompé en disant que *les vêtements des Indiens du nord étaient semblables à ceux des Indiens des autres provinces*, tandis qu'il résulte clairement du texte que *ces vêtements ressemblaient beaucoup à ceux* DES PEUPLES BARBARES. POINT DE RÉPONSE.

§ 29 R. — 648. Il se trompe en soutenant que le mot *waï-tao* ne signifie pas *hérésie*. POINT DE RÉPONSE.

— 649. Il se trompe en disant qu'ici *waï-tao* désigne *une doctrine*, tandis que, d'après le contexte, il désigne clairement une classe d'hommes et signifie LES HÉRÉTIQUES. POINT DE RÉPONSE.

§ 30. — 650. Il se trompe en s'imaginant que certains Indiens portent des habits *entièrement* FABRIQUÉS *avec des plumes et des queues de paon*. POINT DE RÉPONSE.

§ 31. — 651. Il se trompe en rendant *wou*, « ne pas avoir, » par *n'avoir* QUE. POINT DE RÉPONSE.

§ 31 A. — 652. Il se trompe gravement en rendant *lou*, « découvrir, mettre à nu » (son corps — c'est-à-dire *être nu*), par LA ROSÉE. POINT DE RÉPONSE.

— 653. Il se trompe en rendant le mot *hing*, « corps » (ils découvrent leur CORPS, c'est-à-dire ils vont nus), par le mot FORME (ils n'ont que des vêtements de la FORME de la ROSÉE ! !) POINT DE RÉPONSE.

Observation. Les fautes signalées dans les §§ 32-140 de l'*Examen critique* s'élèvent à 449, et celles qui font l'objet principal des *Exercices pratiques* à 167 ; ce qui forme un total de 616. Les 37 critiques qui portent la somme des fautes à 653 se trouvaient clairement indiquées dans mes remarques, mais elles étaient pour ainsi dire effacées par les erreurs plus graves sur lesquelles roule la discussion de chaque paragraphe. Il m'a paru nécessaire de les ajouter à la récapitulation des 616 autres fautes.

ANALYSE

DES CRITIQUES ADRESSÉES A M. PAUTHIER,

DANS LE JOURNAL ASIATIQUE DE PARIS (JUILLET 1836),

A L'OCCASION

D'UNE COURTE NOTICE CHINOISE SUR CEYLAN, DONT IL AVAIT INSÉRÉ LA TRADUCTION DANS LE NUMÉRO D'AVRIL 1836, DU MÊME RECUEIL.

Quid taces? convincam, si negas.

(*Cicero.*)

IV.

(*Voyez page* 57.)

OBSERVATION.

Pour détruire la valeur des leçons que j'ai tirées de l'Encyclopédie *Youen-kien-louï-han,* M. Pauthier s'exprime ainsi, page 17 :

« Le texte suivi par moi est celui d'une édition impériale de l'Ency-
« clopédie de *Ma-touan-lin ,* publiée en 1724 de notre ère. L'autre
« texte que M. Julien me reproche de ne pas avoir suivi, et qu'il pré-
« tend être préférable, est celui d'une autre Encyclopédie intitulée
« *Youen-kien-louï-han,* QUI N'A PAS ÉTÉ IMPRIMÉE PAR LES PRESSES
« IMPÉRIALES de Péking, qui est même fort peu lisible et qui a été
« publiée l'an 1710 de notre ère, QUATORZE ANS avant la première.
« Il est naturel de penser que l'*édition postérieure* (celle que j'ai sui-
« vie) est plus correcte que l'*édition antérieure* que M. Julien pré-
« fère. »

RÉPLIQUE. — 1º M. Pauthier a nécessairement travaillé sur l'une des deux éditions de *Ma-touan-lin ,* que possède la Bibliothèque Royale ; or, elles sont toutes deux de la 3ᵉ année de la période *Kia-thsing,* des Ming, ou de 1524 ! Ainsi M. Pauthier commet une erreur de 200 ans, en affirmant qu'il s'est servi d'une édition de 1724.

2º L'Encyclopédie *Youen-kien-louï-han* a été publiée par ordre de l'empereur *Khang-hi ,* en 1710, c'est-à-dire 186 ans après l'une des éditions dont s'est servi M. Pauthier. Il se trompe donc en affirmant que ce recueil *n'est point sorti des presses impériales* et que l'édition de *Ma-touan-lin* dont il s'est servi est *postérieure de quatorze ans* à l'Encyclopédie *Youen-kien-louï-han.*

---

1. M. Pauthier rend *thong* par *a été connu,* au lieu de est *entré en relations* (avec la Chine). POINT DE RÉPONSE.

2. Il traduit *ho-li,* expression corrompue , au lieu de *ho-ti* (climat tempéré), par *procurer beaucoup de profit à...* La bonne leçon se trouvait dans l'édition impériale du Recueil *Youen-kien-louï-han* dont il s'est servi. P. DE R.

3. Il rend *hien* par *voir* (ayant pour sujet *les marchands*),

au lieu de *laisser voir*, *montrer*, ayant pour sujet *les démons*.   POINT DE RÉPONSE.

4. Il rend le verbe actif *ming* (indiquer clairement) par
brillantes (choses).   POINT DE RÉPONSE.

5. — Il rend l'expression *king-chi* par *résolurent de l'attaquer* (Ceylan), au lieu de *accoururent à l'envi*. P. DE R.

6. — Il rend *tchou-kiu* par *cessèrent toute relation* (avec
l'île), au lieu de *s'y arrêtèrent et s'y établirent*.
                                    POINT DE RÉPONSE.

7. — Il rend *souï* par *être d'accord avec*, au lieu de *bientôt,
promptement*.   POINT DE REPONSE.

8. — Il rend *ching* par *parfaitement*, au lieu de *devenir*.
                                    POINT DE RÉPONSE.

9. — Il rend *ta-koue* par *les grands royaumes*, au lieu de
un grand royaume (Ceylan devint).   POINT DE RÉPONSE.

10. — Il rend *sun* (apprivoiser) et *yang* (nourrir, élever)
par *chasser*.   POINT DE RÉPONSE.

11. — Il rend *chin*, divin, d'origine divine (épithète du
mot suivant *lion*) par *les esprits*.   POINT DE RÉPONSE.

12. — Il rend *sse-tseu* par *les lions* (Ceylan s'appelle en
chinois *le royaume* DU LION).   POINT DE RÉPONSE.

13. — Il rend *yeou-king*, « ils respectaient davantage »
(la loi de Bouddha), par *ils ne suivaient pas*.
                                    POINT DE RÉPONSE.

14. — Il rend *tchou-te*, « admirable, extraordinaire, »
par *à peine ébauché*.   POINT DE RÉPONSE.

15. — Il rend *taï-feï-jin-kong*, « on aurait presque dit que
ce n'était point l'œuvre d'un homme » (tant son exécution
était admirable), par *elle n'approchait pas de l'œuvre d'un
artiste* (à cause de son imperfection). POINT DE RÉPONSE.

16. — Il passe *kien*, première syllabe de *Kien-kang* (nom
de ville , voy. *Ed. Biot*, Dict. des noms des villes chin.,
pag. 75 , col. *b*).   POINT DE RÉPONSE.

17. — Il prend *kang*, seconde syllabe de *Kien-kang*, nom

de ville, pour un mot significatif, et le rend par *fortuné*.

POINT DE RÉPONSE.

18. — Il rend le mot *sse*, temple bonddhique, par *la salle des magistrats*. POINT DE RÉPONSE.

19. — Il ne comprend pas l'expression *wa-kouan*, « l'intendant de la poterie. » POINT DE RÉPONSE.

20. — Il forme avec *kang*, seconde syllabe de *Kien-kang*, nom de ville, et *wa*, première syllabe de *wa-kouan* (l'intendant de la poterie), l'expression barbare LE WA-KOUAN, ou *les briques fortunées !* POINT DE RÉPONSE.

21. — (Dans sa dernière réponse, pag. 19), il prend la leçon *tcha-tcha*, pour la transcription chinoise du mot samskrit *râdja*, roi. RÉPONSE ERRONÉE.

Il paraît ignorer que les Chinois expriment le son *ra* par la syllabe *lo*. Voyez le *Fo-koue-ki* de Rémusat, pag. 339, au mot *lo-cha* (démons femelles, en samskrit *râkchasi*). Si la première syllabe *tcha* correspondait à *ra*, les deux syllabes *tcha-tcha* ne formeraient pas *râdja*, mais *rârâ*, mot qui n'est point samskrit.

22. — M. Pauthier fait, avec les sept syllabes *kia-ye-kia-lo-ho-li-ye*, deux noms propres, au lieu de trois *Kia-ye*, *Kia-lo*, et *Ilo-li-ye* (d'après le *Pien-i-tien*).

POINT DE RÉPONSE.

23. — M. Pauthier lit *ta-tchou*, de *grosses perles*, au lieu de *ho-tchou*, perles à feu. RÉPONSE NULLE.

La leçon *ho-tchou*, « perles à feu » (sortes de lentilles de cristal au foyer desquelles on allume l'armoise pour appliquer le *moxa*, voy. Encyclop. japon., liv. 60, fol. 5), appartient aux annales des *Thang*, d'où *Ma-touan-lin* a tiré, en grande partie, sa notice sur *Ceylan*. Le même auteur, même liv., fol. 18, *recto*, écrit correctement *ho-tchou*, les perles à feu, qu'il mentionne comme offertes en tribut.

24. — M. Pauthier n'a pas vu qu'il fallait lire *yo-kin*, nom d'un parfum, au lieu de *tien-kin*, expression composée

qui n'existe pas dans la langue chinoise. J'ai cité plusieurs
passages du même auteur où nous voyons offrir (dans le
même ordre) *des perles à feu* (ho-tchou) et du parfum appelé *yo-kin*.   POINT DE RÉPONSE.

25.—M. Pauthier rend l'expression *pe-thie*, «du coton,»
par *fine laine blanche* (voy. mes *Exercices pratiques* , § 26
G, pag. 214).   POINT DE RÉPONSE.

DE QUELQUES

INVENTIONS ARCHÉOLOGIQUES

DE M. PAUTHIER.

Quid dignum tanto feret hic promissor hiatu?
Parturient montes : nascetur ridiculus mus !

(HORAT., *de Art. poet.* 138.)

13

V.

1ʳᵉ *Invention* (A). Sous le règne de l'empereur *Yao* (qui a commencé à régner vers l'an 2557 avant J. C.), un *Égyptien* ou un *Phénicien* apporte en Chine une écriture qui aurait donné naissance à l'écriture chinoise.

2ᵉ *Invention* (B). Sous le règne de l'empereur *Tching-wang* (1115 avant J. C.), des hommes du royaume de *Ni-li* ou de l'Égypte (*sic*) viennent à la cour.

3ᵉ *Invention* (C). Ces hommes, venus d'Égypte, se transportent de la Mer-Rouge dans un des ports de Chine sur des JONQUES, *demeures vagabondes* (sic), qui n'avaient point de ponts découverts comme nos vaisseaux européens.

OBSERVATIONS PRÉLIMINAIRES.

M. Pauthier vient de publier chez Didot une brochure de 150 pages intitulée *Sinico-œgyptiaca, ou Essai sur l'origine de la formation similaire des écritures figuratives chinoise et égyptienne, composé principalement d'après les écrivains indigènes, traduits pour la première fois dans une langue européenne* (1). L'auteur nous apprend que cette publication n'est autre chose que l'article *Écriture*, inséré en 1838 (2) dans l'*Encyclopédie nouvelle*, revu et considérablement augmenté.

Nous pourrions demander à M. Pauthier quels sont les *écrivains indigènes* (de l'Égypte) d'après lesquels il a rédigé cet écrit, car son expression « *écrivains indigènes* » paraît s'appliquer aux Égyptiens et aux Chinois. Mais,

---

(1) Cette brochure a été présentée récemment à l'Académie des Inscriptions ; plusieurs membres de cette savante compagnie l'ont également reçue. Nous osons appeler leur attention sur les observations qui suivent.

(2) Cette date est inexacte. Les livraisons 29 et 30 où se trouve l'article primitif portent la date de 1856.

comme nous avons hâte de finir, nous nous bornerons à
parler de ces derniers. Les textes chinois qu'il cite sont de
deux sortes : les uns ont déjà été traduits par M. A. Rémusat dans son mémoire sur *l'écriture chinoise* (Mém. de l'A-
cad. des Inscript., T. VIII); j'ai fourni moi-même à M. le
marquis de Fortia (*Hist. Anté-diluvienne de la Chine.* T. I,
p. 116-119 (1)), le morceau du *Thong-kien-kang-mou,* avec
l'extrait du commentaire intitulé *Chi-i,* que cite M. Pauthier
pag. 5, 6. Le grand passage, qu'il rapporte pag. 4, paraît traduit du latin du P. Regis (*I-king,* tom. I, pag. 528).
M. Pauthier ne s'exprime donc pas d'une manière exacte
lorsqu'il affirme que les passages chinois dont il invoque
l'autorité *ont tous été traduits par lui pour la première fois.*

Les autres passages dont l'interprétation semble lui appartenir et que personne ne sera tenté de lui disputer,
sont la plupart remplis d'erreurs extrêmement graves.

Ainsi, 1º (pag. 13) il donne un passage chinois qui,
bien ponctué, signifie : Lorsque Confucius transcrivit les
six king ou livres canoniques (*K'ong-tseu-chou-lou-king* —
2061-2059-4019-613-7877), lorsque (son disciple) *Tso-
khieou-ming* composa son commentaire historique sur le
Tch'un-ts'ieou (*tso-khieou-ming-chou-tch'un-ts'ieou-tchouen*
— 2389-17-3914-11033-3903-7125-408), l'un et l'autre ou
tous deux firent usage des caractères antiques (appelés)
kou-wen (*kiaï-i-kou-wen*—6490-115-1110-3783).

M. Pauthier ayant pris le 3e caractère *chou* (écrire) dans
le sens de *livre,* et le 13ᵉ *kiaï,* l'un et l'autre, tous deux
(Voyez mes *Exercices pratiques,* § 26 E, pag. 211), dans
le sens de *tous,* il a traduit: « Les six king et les autres
LIVRES de *Khong-tseu,* le grand commentaire de *Tso-kieou-
ming* sur le *Tch'un-ts'ieou,* ont TOUS été écrits en caractères anciens (*Kou-wen*). »

D'où il résulterait, suivant M. Pauthier, que les *six
king* ou *les six livres canoniques* sont des ouvrages de Con-

---

(1) Ce premier volume a paru en janvier 1840, c'est-à-dire six ans
après la publication de l'article *Écriture,* cité plus haut, où l'on
chercherait en vain le morceau du *Thong-kien-kang-mou.*

fucius! Ce qui n'est point. Confucius les a mis en ordre, il les a revus, corrigés, *transcrits de sa main* (ainsi que nous l'apprend ce passage); mais ce serait avancer un fait inouï dans l'histoire de la litérature chinoise, que de lui en attribuer la composition, assertion qui ferait évanouir leur antiquité et une partie de l'autorité dont ils jouissent.

Le lecteur voudra bien remarquer, *premièrement*, que, pour présenter les *six king* comme des ouvrages de *Khong-tseu* ou de Confucius, M. Pauthier s'est vu dans la nécessité d'altérer le texte cité, en transposant les mots *lou-king*, « les six livres canoniques » (regime direct du verbe *chou*, écrire, transcrire), avant les mots *K'ong-tseu-chou*, « Confucius a écrit; »

Secondement, qu'en traduisant *kiaï*, l'un et l'autre (savoir Confucius et *Tso-khieou-ming*), par le mot TOUS, il l'a fait rapporter aux *six king*,—et *aux ouvrages de Confucius*, desquels il n'est point mention ici.

2° M. Pauthier rapporte, pag. 29, un passage chinois où il est dit que *Thsang-hie*, l'inventeur présumé de l'ancienne écriture, « avait quatre yeux à la tête, et qu'il *était en relations avec les esprits*. » Par là on veut donner une idée de son intelligence extraordinaire, et expliquer l'origine de la découverte sublime qu'on lui attribue. (*Hic-cheou-yeou-sse-mo* o — 11215-185-4028-1511-6589 — *thong-iu-chin-ming* — 11073-3829 7025-3890.)

Au lieu de : « *il était en relations avec les esprits*, » M. Pauthier a écrit : *lesquels* (quatre) *yeux étaient pleins d'une lumière divine!*

3° Il cite un passage dont le texte transcrit par lui, ainsi que sa traduction, offrent plus d'une erreur grave.

— Il écrit *lever les yeux en haut*, expression qui correspond dans son texte à *fou* (255), « baisser la tête. » Il fallait *niang* (116), « sursum aspicere. »

— Il écrit *ayant baissé les yeux*, expression qui correspond dans son texte à *niang* (116), regarder en haut. Il fallait *fou* (255), « demittere caput. » De tels *lapsus calami* annoncent une grande légèreté.

— Le texte dit que *Fo-hi*, avant de tracer les *huit Koua*
(ou lignes symboliques), qui sont le fondement du *I-king*
(ou *livre des transformations*), réfléchit en lui-même, puis
porta sa pensée sur les objets éloignés ; littéralement (d'a-
près la version mandchou) : *khantsi, beye de tsintsilame ;
goro, dchaka de tsintsilame*) : *tout près*, il chercha attentivement en lui-même (*kin-thsiu-tchou-chin* — 11015-1100-
10173-10821) ; *au loin*, il chercha attentivement dans les
êtres (que présente la nature).

M. Pauthier a cru que *tchou-chin*, « en lui-même, »
c'est-à-dire au fond de sa pensée, signifiait LES *corps* (il a
été trompé par *tchou*, ici « *dans*, » qui est quelquefois le
signe du pluriel). Il a traduit : DES CORPS à proximité de
lui *et qu'il pouvait saisir* (ceci n'est pas dans le texte),
comme des objets éloignés *qu'il pouvait déterminer* (ceci
n'est pas non plus dans le texte), il commença à tracer les
huit Koua ou *symboles*, etc. Au lieu de : « Tout près de
lui, il chercha au fond de sa pensée ; loin de lui, il chercha dans, c'est-à-dire examina, les êtres ; puis il commença à tracer les *huit Koua*. » On pourrait faire observer en passant que son expression « DES CORPS *à proximité,
il commença*, » n'est pas française.

Quoique M. Pauthier ait annoncé, sur le titre de son mémoire, qu'il a traduit pour la première fois les textes qu'il
cite (assertion dont j'ai montré plus haut l'inexactitude),
il dirait peut-être, pour justifier les fautes que je lui reproche ici, qu'il a pour lui l'autorité du P. Regis (*I-king*,
tom. I, pag. 528). En effet, la traduction de M. Pauthier :
«*Des corps à proximité de lui, comme des objets éloignés, il
commença à tracer les huit Koua*,» paraît calquée mot à mot
sur celle-ci du savant missionnaire : *E corporibus sibi vici-
nis, sicut et ex aliis rebus à se remotis, mutuatus est unde ini-
tium daret octo symbolis (Pa-koua).*

Voici, je crois, une réponse sans réplique. Personne ne
fait plus de cas que moi du travail du P. Regis sur l'*I-king* ;
mais il est une autorité infiniment supérieure à la sienne,
c'est celle du commentaire impérial et de la traduction

mandchou qu'en a publiée l'empereur *Khien-long*. Nous lisons dans le commentaire *Ji-kiang-kiaï-i*, liv. 17, fol. 16, recto : *Kin-thsiu-tchou-chin-tchi-hing-ti-sing-thsing* (11015-1100-10173-10821-41-2657-12651-2793-2898), c'est-à-dire près de lui, il examina attentivement la forme, les membres, le naturel, les affections de sa personne (c'est-à-dire de l'homme). Version mandchou : *Khantsiki, beyeï arboun, toursoun, banin, gounin douibouleme* ;

Youen-thsiu-tchou-we-tchi-feï-ts'ien-tong-tchi (11129-1100-10173-5653-41-12302-5229-899-4337), au loin, il examina attentivement ceux des êtres qui volent (les oiseaux), qui plongent dans l'eau (les poissons), qui se meuvent (les quadrupèdes, les insectes, etc.), qui sont plantés (les arbres, les plantes). Version mandchou : *goroki, eiten dchaka i deyere, fourire, achchara, ilirebe douïbouleme*, etc.

4° M. Pauthier rapporte, pag. 12, un passage du *Tcheou-li*, ou Rituel des *Tcheou*, où l'on fait connaître les fonctions de l'officier du titre de *Pao-chi*. Il était *chargé* (3427) de faire des remontrances à l'empereur sur ses défauts, et d'enseigner la droite voie aux enfants du royaume (c'est-à-dire de la famille impériale).

On sait que ce Rituel rapporte uniquement des règlements, mais ne cite point de faits historiques.

M. Pauthier a pris *Pao-chi* (titre d'un officier) pour un nom propre d'homme, et il a traduit : *Le magistrat de la terre*, nommé *Pao-chi*, fit des remontrances au roi sur ses défauts, etc.

Il y a ici trois fautes graves :

Premièrement, M. Pauthier prend, comme nous venons de le dire, *Pao-chi* (titre d'un officier) pour un nom propre d'homme.

Secondement, il considère comme un fait historique, arrivé du temps des *Tcheou*, un règlement qui fixe les attributions de l'officier du titre de *Pao-chi*.

Troisièmement, on sait que dans le Rituel des *Tcheou* les fonctionnaires sont classés ainsi : *Thien-kouan*, mot à mot, « cœli magistratus, » magistrats dont les fonctions se rapportent au ciel (c'est-à-dire à l'astronomie), *ti-kouan*, mot à mot *terræ magistratus*, magistrats dont les fonctions se rapportent à la terre (on donne l'énumération de ces derniers et le détail de leurs attributions), etc., etc.

M. Pauthier, qui paraît n'avoir aucune idée du Rituel des *Tcheou*, s'est imaginé qu'il n'y avait qu'un seul *magistrat de la terre*, et que ce fonctionnaire se nommait *Pao-chi*!

Le commencement du passage cité par lui : *Tcheou-li-ti-kouan-pao-chi-tchang*, etc. (1187-7093-1557-2116-249-4820-3427), aurait dû être traduit ainsi : (On lit dans) le Rituel des *Tcheou*, section des *magistrats de la terre*, (l'officier qui a le titre de) *Pao-chi* est chargé de, etc.

Mais je m'arrête, pour m'occuper de choses bien autrement graves que de fautes commises dans la traduction de passages chinois dont la portée est assez indifférente, si on les compare à ceux dont l'altération peut dénaturer les faits les plus importants de l'histoire ou de la philologie chinoise.

A.

Je passe aux preuves à l'aide desquelles M. Pauthier prétend démontrer *l'origine égyptienne* ou *phénicienne de l'écriture chinoise*. Laissons-le parler lui-même (pag. 9) :

« Les historiens chinois rapportent à la cinquième an-
« née du règne de *Yao* (2353 ans avant notre ère) un
« fait qui pourrait faire naître *de curieuses conjectures*
« *sur l'origine de l'écriture chinoise*. Ce fait est l'arrivée à
« la cour de *Yao*, d'un barbare du midi, de la famille ou
« race *Youe-tchang*, apportant une grande tortue qui avait
« sur son dos des caractères en écriture *Kho-teou* (à forme
« de têtards), qui comprenaient l'histoire du monde, de-
« puis son origine jusqu'alors. *Yao* ordonna de transcrire
« ce texte étranger qu'il appela *Koueï-lie*, ou Annales
« de la tortue. » (*Li-taï-ki-sse-nien-piao*, liv. 1 , fol. 3.)

« Si l'on réfléchit que, selon les traditions historiques

« sacrées et profanes, il n'y avait guère alors que deux
« nations qui eussent déjà l'usage de l'écriture, les *Egyp-*
« *tiens* et les *Phéniciens*, il ne sera pas invraisemblable de
« supposer que l'étranger arrivé à la cour de *Yao* était
« *Egyptien* ou *Phénicien*, et que l'écriture en question
« était une écriture *égyptienne* ou *phénicienne*, laquelle
« aurait donné naissance à l'écriture chinoise.

    « Phœnices primi, famæ si creditur, ausi
    « Mansuram rudibus vocem signare figuris.

« Cette communication du peuple ou de la nation de
« *Youe-tchang* avec la cour de Chine, 2353 ans avant notre
« ère, ne fut pas la seule. On en trouve une autre men-
« tionnée 1242 ans plus tard, la 6ᵉ année de *Tching-*
« *wang*, ou 1111 avant notre ère (Voy. *Li-taï-ki-sse-nien-*
« *piao*, liv. VI, fol. 10, *verso*, et notre description de la
« Chine, tom. I, pag. 87). Le texte historique chinois s'ex-
« prime ainsi : Des personnes de *Youe-tchang vinrent à la*
« *cour.*

« Les rédacteurs du *Li-taï-ki-sse* ajoutent : « *You-*
« *tchang-chi*, » *des personnes de Youe-tchang*; c'est un
« royaume de la mer méridionale (ou royaume maritime
« du midi), dont trois interprètes vinrent offrir des fai-
« sans blancs. *Tcheou-kong* leur fit présent de chars qui
« montraient le sud (c'est-à-dire munis d'une boussole),
« pour les diriger dans leur retour. *L'année suivante ils*
« *se mirent en route* (1).

« Cette nouvelle mention du pays de *Youe-tchang*, quoi-
« que laissant encore *beaucoup de vague sur sa position*
« *géographique*, est cependant précieuse en ce qu'elle
« fait connaître que c'était pour la Chine un pays mé-
« ridional *trans-océanien* dans lequel devaient se trouver
« *naturellement* (!!!) des *faisans blancs*. On sait que ces

---

(1) Ceci est un grave contre-sens. Les mots du texte *ki-nien-naï-*
tchi (4048-2481-39-8676) signifient : *ils arrivèrent au bout d'un an*
(après leur départ).

« faisans sont communs sur les côtes de la Cafrerie, en
« Afrique. *Le pays en question était donc situé en Afrique.*
« Maintenant, que l'on rapproche toutes ces données de
« ce que nous savons de la civilisation africaine aux épo-
« ques mentionnées, surtout à la dernière (1111 ans avant
« Jésus-Christ), où les vaisseaux de Tyr et de Sidon al-
« laient chercher l'or d'Ophir (quelques années plus
« tard) pour bâtir le temple de Salomon, on trouvera
« moins téméraire *la supposition que des Egyptiens ou des*
« *Phéniciens ont pu se rendre en Chine dans les temps re-*
« *culés, et y porter* les éléments de quelques arts néces-
« saires, comme l'ÉCRITURE PRIMITIVE. »

Après avoir parcouru cette longue citation, dont les
conséquences seraient d'une si haute importance *si la tra-*
duction de M. Pauthier était fidèle, les lecteurs sont sans
doute impatients de savoir ce que c'était en réalité que
le royaume de *Youeï-chang-chi* (car la seconde syllabe doit
se prononcer *chang* et non *tchang*, et la dernière *chi* ne
doit pas être rendue par *famille*, *race*, *personnes*, comme le
fait M. Pauthier).

Pour les sinologues qui ont quelque érudition, la position géographique du royaume de *Youe-chang-chi* n'est pas
aussi vague que le croit M. Pauthier. Nous lisons en effet
dans le *Thong-kien-kang-mou,* liv. VII, fol. 18 : Dans la cinquième année (du règne de *Yao*), le royaume de *Youeï-*
chang-chi vint faire sa cour à l'empereur, c'est-à-dire des
envoyés du royaume de *Youeï-chang-chi* vinrent, etc. On
cite, *ibid.*, ce passage du *Sse-ki:* « Le royaume de *Youeï-*
« *chang-chi* (en mandchou *Youeï-chang-chi* gouroun) qui est
« situé au sud de *Kiao-tchi*, c'est-à-dire de la *Cochinchine*,
« envoya trois interprètes qui offrirent un faisan blanc. »

Or, le royaume en question n'était autre que le Tonquin,
ainsi qu'on va le voir par le passage suivant. On lit
dans la géographie universelle de la Chine (*Thaï-thsing-i-*
tong-tchi), publiée par l'empereur *Khien-long*, 1ʳᵉ édit.,
article *An-nan* (2102-1010) ou Tonquin :

« Du temps des *Tcheou*, le royaume d'*An-nan* était le

« pays de *Youeï-chang-chi* (*Tcheou-weï-youeï-chang-chi-ti-*
« 1187-3914-5595-10572-7957-4820-1557). »

Ainsi s'évanouit cette pompeuse découverte de *l'origine
égyptienne* ou *phénicienne de l'écriture chinoise !* N'est-ce
pas le cas de s'écrier avec Horace :

Parturient montes : nascetur ridiculus mus !

B.

Suivant M. Pauthier (*Description de la Chine,* pag. 85),
des hommes de *Ni-li,* ou de l'Égypte, vinrent en Chine, à
la cour de *Tching-wang,* l'an 1111 avant J. C.

Le grand catalogue de la Bibliothèque de *Khien-long,*
liv. 142, fol. 12 (Cf. catal. abrégé, liv. 14, fol. 16), nous
apprend que *Tsin-wang-kia,* qui vivait vers le milieu du
4e siècle de notre ère, a publié en 10 livres une compilation intitulée *Chi-i-ki,* c'est-à-dire « Recueil de choses
qui étaient perdues. » C'est, disent les écrivains chinois,
un ramas informe de contes puériles, de fables remplies
de faits merveilleux ou surnaturels, et de prétendues traditions historiques parmi lesquelles on n'en trouverait pas
une de vraie sur dix (*chi-pou-i-tchin-*993-9-1-6338). Le
texte chinois n'est pas moins altéré que les faits, les dates
et les noms des personnages que cite l'auteur.

Nous voyons dans le *Fo-koué-ki,* pag. 255, que le roi
indien *A-yo* bâtit autrefois la ville de *Ni-li* (4926-5673 —
mot indien qui signifie *enfer,* suivant le dictionnaire *Fan-
i-ming-i*). L'auteur de l'ouvrage intitulé *Chi-i-ki* s'est
avisé de rapporter une prétendue ambassade du royaume
de *Ni-li* (1), qui serait arrivée à la cour de l'empereur
Tching-wang, l'an 1113 avant notre ère.

---

(1) La seconde syllabe de *Ni-li* est écrite autrement (11932) que
dans la relation de *Fa-hien;* mais l'altération habituelle du texte du
Chi-i-ki nous autorise à croire que c'est peut-être le même mot. Le

Voici le sens exact d'un fragment de cette compilation,
liv. 2, fol. 6., cité dans le *Li-taï-ki-sse-nien-piao*, liv. 6 ,
fol. 9 , et que M. Pauthier a voulu traduire dans sa *Description de la Chine*, pag. 85.

« Trois ans après que *Tching-wang* fut monté sur le
« trône, il y eut des députés du royaume de *Ni-li* qui
« vinrent présenter leurs hommages à l'empereur. Ces
« hommes donnèrent eux-mêmes les notions suivantes
« sur leur royaume. (Il offre de hautes montagnes qui
« s'élèvent jusqu'au ciel.) On y marche au milieu des
« nuages, et l'on entend le tonnerre gronder au-dessous
« de soi. Quelquefois les habitants entrent (c'est-à-dire se
« retirent) dans de profondes cavernes, et alors ils enten-
« dent, au dessus de leurs têtes, le bruit des flots (des tor-
« rents). Ils observent le soleil et la lune pour connaître
« la direction ou la position des royaumes étrangers ; ils
« comptent les alternatives de froid et de chaud pour
« connaître les années et les mois.

« En examinant les époques des premières lunes dans
« ce royaume, on trouva que leur calendrier était d'accord
« avec celui de la Chine.

« L'empereur les accueillit avec tous les honneurs des-
« tinés aux hôtes des pays étrangers. »

Voici maintenant la traduction de M. Pauthier; jamais

---

mot *koue*, royaume, n'est pas une difficulté, car, dans la relation de
Hiouen-thsang, nous le voyons souvent indiquer *une ville et le terri-
toire qui en dépend.* Suivant M. Pauthier (Description de la Chine,
page 85, col. B, lig. 18), le mot *Ni-li* est souvent cité dans les livres
samskrits. Si cela est, il paraît fort probable que c'est exactement le
nom du pays indien qu'a visité *Fa-hien* (*Fo-koue-ki*, page 255).

Du reste, quand le royaume de *Ni-li*, cité dans le *Chi-i-ki*, serait
différent du *Ni-li* du *Fo-koué-ki*, M. Pauthier aurait encore à nous
démontrer que ce royaume désigne certainement l'*Égypte*. Mais cela lui
serait d'autant plus difficile que ces deux mentions de la ville ou du
royaume de *Ni-li* paraissent être les seules qui existent dans les écrivains chinois.

on n'a travesti un passage chinois d'une manière plus ridicule et plus funeste pour la science. (*Description de la Chine*, dans l'*Univers pittoresque*, pag. 85.) Je m'arrêterai à chaque alinéa, et je l'accompagnerai de courtes observations.

« La troisième année du règne de *Tching-wang* (1113),
« il y eut des hommes du royaume de *Ni-li* qui vinrent
« à la cour. Ces hommes *se flattèrent d'avoir abandonné*
« *leur royaume* EN MARCHANT AU MILIEU D'UNE NUÉE AMBU-
« LANTE. »

Observation A.—Il y a dans le texte : « Ces hommes, prenant la parole, firent connaître ainsi leur royaume : *on y marche au milieu des nuages...* »

Ce passage renferme une allusion aux hautes montagnes de ce pays qui s'élèvent au dessus des nuages. Lorsqu'on marche sur le sommet de ces sortes de montagnes, il semble *qu'on marche au milieu des nuages*, quelquefois même on y marche réellement (lorsque les nuages enveloppent le haut d'une montagne), et il arrive souvent que les vêtements des voyageurs en sont mouillés.

M. Pauthier paraît avoir vu dans ce passage quelque chose d'analogue à la nuée lumineuse qui précédait les Israélites au milieu du désert. Il a cru en outre que ces mots, qui donnent une idée des hautes montagnes de ce pays, se rapportaient au voyage des envoyés de *Ni-li* vers la Chine.

« Ils entendirent les voix des tonnerres descendre en
« bas. »

Observation B. — Il y a dans le texte : « On entend gronder le tonnerre au dessous de soi. »

C'est ce qu'éprouvent les voyageurs qui se trouvent, pendant un orage, au haut d'une montagne très élevée. Ils voient rouler, au dessous du point où ils se trouvent, les nuages électriques qui recèlent la foudre ; ils entendent gronder le tonnerre *au dessous d'eux*. M. Pauthier a encore vu là un événement arrivé aux voyageurs précités. Il paraît s'être rappelé « *la voix des tonnerres qui descendit du haut du mont Sinaï,* lorsque Dieu donna à Moïse les tables de la loi. »

Voilà où conduit l'inintelligence des textes chinois !

« Quelques-uns entrèrent dans les *jounques* ou de-
« meures vagabondes nautiques (*hoe-ji-tsien*-JOUNG !) sur
« lesquelles l'eau passait ; ils entendirent le bruit reten-
« tissant des grandes vagues qui se brisaient sur leurs
« têtes. »

Observation C.—Le texte porte : « Quelquefois les habitants se retirent dans de *profondes cavernes* (*hoe-ji-tsien-hioue*
3181-600-5229-7269), et alors ils entendent les flots (des
torrents) bruire au dessus de leurs têtes. »

M. Pauthier a commis ici une des plus monstrueuses
erreurs qu'on ait faites depuis que le chinois est cultivé
en Europe. Je doute même qu'on puisse trouver rien de
semblable dans les traductions des autres langues.

Il y a dans le texte chinois le caractère *hioue,* « cavernes » (Dict. de Basile, 7269. — Dict. de Morrison, Part. II,
n° 3775). M. Pauthier l'a pris pour le mot *jong* (Basile :
2094 — Morrison, Part. II, n° 4840), « *spargere, miscere,* »
et CHOSE INOUIE ! il l'a traduit par *jonques*, nom qu'on
donne à Canton aux grands bateaux et aux bâtiments
chinois.

M. Etienne Quatremère a bien voulu m'apprendre que
le mot *djonk* se trouve dans des écrivains arabes et per-
sans du 15ᵉ siècle (Voy. *Meninski*, Dict., tom. II, page
402). Cet illustre orientaliste m'assure que ce mot n'appartient à aucune langue orientale, et il ne doute point
qu'il ne soit formé par corruption de quelque mot chinois signifiant *un navire.*

Or, nous voyons dans le *Vocabulaire du dialecte de Canton,* de Morrison, que *jonque* se dit *choun,* prononciation
altérée du mot *tchouen* (8760), vaisseau.

Je ferai observer en terminant,

1° que le mot *jong* (2094), *spargere,* que M. Pauthier

prend pour *hioue*, « caverne »´ (7269), n'a jamais, en chinois, le sens de *navire;*

2º Que le mot *jonque*, formé par les auteurs arabes du 15e siècle, du mot *choun* (pour *tchouen*, vaisseau), dont la prononciation exacte aura échappé aux navigateurs de leur nation, n'aurait pu être connu de *Tsin-wang-kia* (auteur du *Chi-i-ki*), qui vivait au milieu du quatrième siècle;

3º Qu'il s'agit de gens qui se retirent dans les cavernes des montagnes, et non de navigateurs qui voient l'eau de la mer *passer sur leur vaisseau* (sic), et *qui entendent les grandes vagues de la mer se briser sur leurs têtes!*

4º Le texte se rapporte à un fait habituel qu'observent les habitants qui se retirent dans les cavernes des montagnes, et non à un événement qui serait arrivé aux députés du royaume de *Ni-li.*

« En regardant le soleil et la lune, ils se servirent de
« leur position pour reconnaître les régions et les royau-
« mes. »

Observation D. — M. Pauthier croit toujours qu'il s'agit des voyageurs en question, lorsqu'ils se dirigeaient vers la Chine. Le texte rapporte au contraire un fait ordinaire : « Ils observent le soleil et la lune pour connaître la position des royaumes étrangers. »

On veut dire que, d'après la marche apparente du soleil et de la lune, ils connaissent la position des autres royaumes relativement au leur. Lorsqu'on connaît l'*E.* et l'*O.*, il est aisé de déterminer le *S.* et le *N.*

Je ferai remarquer, en passant, que *fang-kouę* (3826-1539) signifie ici *les royaumes étrangers* (Cf. *Exercices pratiques*, § 25 C, pag. 211), et non *les régions* et *les royaumes.*

« Ils calculèrent le degré de froid et de chaleur (l'état
« de la température) pour connaître la lune (le mois) de
« l'année. »

Observation E.—La première et la seconde partie de ce passage renferment chacune une erreur grave. Le texte signifie : « Ils calculent les vicissitudes du froid et du chaud pour connaître les années et les mois. »

L'alternative du froid et du chaud s'accomplit dans une année (cette observation leur sert à compter les années), et les époques du froid et du chaud les aident à compter les saisons, les mois, ainsi que le font encore aujourd'hui plusieurs peuples sauvages.

Il n'est donc pas exact de dire, avec M. Pauthier, qu'ils calculèrent *le degré de la température pour connaître les mois de l'année !* Cela n'a pas de sens. — Du reste, il y a en chinois « *les années et les mois.* »

« Ils s'informèrent des premiers temps, ainsi que des
« usages du royaume du milieu. »

Observation F. — Il n'y a rien de cela dans le texte qui signifie littéralement : « Quand on eut examiné les époques des premières lunes de leur royaume, alors leur succession se trouva conforme à celle qui a lieu en Chine. » (*Khao-koue-tchi-tching-sou,tse-siu-li-iu-tchong-koue-siang-fou.* — 8282-1539-41-4652-4039-792-2505-4667-8702-26-1539-6597-7429).

« Le roi les instruisit des cérémonies que doivent ob-
« server les hôtes venus de l'étranger. »

Obs. G. — M. Pauthier n'a pas compris la dernière phrase qui est d'une extrême facilité. Le texte signifie littérale-ment : *Rex excepit illos adhibendo* (observando) *externorum hospitum cæremonias*, c.-à-d. « l'empereur les accueillit avec les cérémonies prescrites envers les hôtes des pays étrangers. » (*Wang-tsie-i-waï-pin-li-ye*-5884 *bis*-3444-45-1786-11468-7093-53.)

Ici finit le morceau cité du *Chi-i-ki.*

« Quel était, dit M. Pauthier, ce royaume étranger
« *Ni-li ?* L'écrivain chinois ne le dit pas. Il n'en savait
« rien. S'il nous était permis, *à nous qui pouvons embras-*
« *ser le passé dans un espace plus vaste que l'historien chi-*

« *nois*, de former ici quelques conjectures, nous dirions
« que ce royaume était l'*Egypte*, désignée par le nom de
« son grand fleuve que l'on appelait déjà ainsi à cette
« époque, puisque Hérodote lui donne cette dénomina-
« tion, et qu'elle se trouve dans les anciens livres sams-
« krits. »

« Diodore de Sicile dit que ce fut le roi NILEUS, qui,
« ayant fait creuser des canaux, élever des digues, etc.,
« donna son nom au fleuve qui portait auparavant celui
« d'*Egyptus*. Puisque le nom du royaume était celui du
« fleuve, il dut porter également celui de *Nil*, en retran-
« chant la terminaison latine du nom (*Nileus*). »

Obs. H.— Si le mot *Ni-li* se trouve, suivant M. Pauthier,
dans les anciens livres samskrits, c'est probablement le
nom de *Ni-li*, ville fondée par le roi indien *A-yo*, et dont
parle *Fa-yen* (*Fo-koue-ki*, pag. 255).

C.

Suite du morceau précédent.

M. Pauthier développe ici les mots chinois où il a vu
des *jonques chinoises, demeures vagabondes flottantes*, et
qui signifient simplement *les profondes cavernes des montagnes !!*

« Ces étrangers (*ibid.*, pag. 85), continue M. Pauthier,
« arrivés à la cour du roi de Chine, lui ont pu dire qu'ils
« venaient des *bords* ou du royaume du *Nil*. *L'habitation*
« *flottante dans laquelle quelques-uns d'entre eux se réfu-*
« *gièrent, et sur laquelle ils entendirent rouler les flots de*
« *la mer, nous paraît s'expliquer par leur embarquement*
« *sur un navire, qui aura pu les transporter de* LA MER
« ROUGE *dans un des ports de la Chine ; et c'est à leur*
« *débarquement qu'ils se seront orientés sur le cours du so-*

14

« *teil et de la lune* QU'ILS AURONT ALORS *distingués*, PARCE
« QUE LES TSIEN-JOUNG, DEMEÛRES VAGABONDES FLOTTANTES,
« QU'ILS MONTÈRENT, N'AVAIENT PAS DE PONTS DÉCOUVERTS,
« COMME NOS VAISSEAUX EUROPÉENS.

« C'EST MÊME UN FAIT CURIEUX DE RETROUVER CE NOM
« DE JOUNG, POUR LES EUROPÉENS *jonques*, DANS LE BATI-
« MENT FLOTTANT QUI TRANSPORTA CES ÉTRANGERS EN
« CHINE, PLUS DE MILLE ANS AVANT NOTRE ÈRE.

« SI LES LIMITES DE CET OUVRAGE NOUS PERMETTAIENT DE
« DONNER ICI UNE TRADUCTION COMPLÈTE DES TABLEAUX
« CHRONOLOGIQUES CHINOIS ENTIERS, BIEN D'AUTRES FAITS
« NON MOINS CURIEUX DE L'ANTIQUITÉ DE LA HAUTE ASIE
« NOUS SERAIENT RÉVÉLÉS. »

Observation I.— Les tablettes chronologiques intitulées
Li-taï-ki-sse-nien-piao forment 100 vol. pet. in-fol.
Les lecteurs qui ont vu, par tout ce qui précède,
de quelle manière M. Pauthier s'y prend pour tra-
vestir un texte chinois et y trouver des faits dont il
n'offre pas l'ombre, regretteront-ils de ne pas le voir publier une traduction complète des *tablettes chronologiques*,
exécutée d'un bout à l'autre avec la même licence, et accompagnée d'un commentaire dont l'imagination la plus
folle ferait seule les frais? *Je ne le pense pas.* Quelque
grande que soit la malignité publique, il y a dans
l'homme un sentiment de pitié qui (indépendamment de
l'ennui et du dégoût que ferait naître une telle lecture)
ne lui permettrait pas d'arrêter longtemps ses regards
sur de pareilles hallucinations (*velut ægri somnia !*) pré-
sentées au monde savant comme des découvertes de la
plus haute importance, comme des révélations précieuses,
puisées, à l'aide du génie philologique et de l'érudition,
dans les trésors littéraires de la haute Asie.

Quoique M. Pauthier ait tenu à mon égard une conduite odieuse, je devais l'éprouver moi-même, ce *sentiment de pitié*; il ne fallait rien moins pour arrêter ma
plume, et m'empêcher de continuer l'exposition des er-

reurs du même genre que je trouve en foule dans ses autres traductions du chinois.

Espérons qu'il ouvrira enfin les yeux et qu'il reconnaîtra (ce qui est maintenant démontré pour tout le
monde) qu'il est complètement dépourvu de l'aptitude
nécessaire pour entendre seul les textes les plus difficiles
de la langue chinoise.

Il y aurait toutefois de l'injustice à ne pas reconnaître
qu'il est certains textes chinois dont l'intelligence est tout-
à-fait à la portée de M. Pauthier. *Ce sont ceux dont il existe
déjà de bonnes traductions.* Aussi, lorsqu'il a mis en français les quatre livres classiques qui ont paru dans le Panthéon littéraire, il avait :

Pour le *Thaï-yo* ou *la Grande étude,* 1° la traduction anglaise mot à mot que Marshman a mise à la fin de sa grammaire ; 2° la traduction latine d'Intorcetta (dans le *Confucius Sinarum philosophus*).

— Pour le *Tchong-yong* ou l'*Invariable milieu,* il avait
1° la traduction latine-française et le commentaire de
M. A. Rémusat; 2° la version latine du P. Intorcetta (dans
le *Confucius Sinarum philosophus*).

— Pour le *Lun-yu* ou *le Livre des Entretiens,* il avait
1° la traduction d'Intorcetta (dans le *Confucius Sinarum
philosophus*); 2° la traduction anglaise de Marshman (1re
part.); 3° la traduction allemande-latine de Schott avec
un commentaire.

— Pour le *Meng tseu,* il avait ma version latine littérale avec le commentaire perpétuel qui l'accompagne.

Enfin, il avait la traduction anglaise des quatres livres
classiques publiée en 1828 par le Rév. Collie, principal
du collége anglo-chinois de *Malacca,* dont les élèves étaient
des Chinois qui, presque tous, avaient appris les quatre
livres et avaient pu lui en expliquer les endroits difficiles.

M. Pauthier ne répondra point, j'espère, que j'ai fait
quelque chose de semblable, car il connaît fort bien la
plupart des faits suivants :

1° Le livre des *Récompenses et des Peines,* déjà traduit

par M. A. Rémusat, ne forme en chinois que 6 pages in-18 dans le Recueil intitulé *Tan-koueï-tsi*. Le texte que j'ai traduit, avec les 400 exemples et histoires morales qui l'accompagnent, forme en chinois 300 pages grand in-8°.

2° Le P. Prémare avait traduit avant moi le drame de l'Orphelin de la Chine, mais il en avait passé toute la partie lyrique, *faute de l'entendre*, ainsi qu'il le dit dans sa préface. Ce qui caractérise mon travail, c'est que j'ai traduit fidèlement tous les vers sans en passer un seul.

3° Le P. Noël avait traduit le *Meng-tseu* en latin dans son ouvrage *Imperii sinensis libri classici sex*, mais les personnes compétentes savent que le texte est tellement noyé dans une paraphrase verbeuse, qu'il est presque impossible de démêler les mots qui répondent littéralement à ceux du texte. Une telle version est un embarras plutôt qu'un secours.

4° Le P. Duhalde avait déjà publié, dans sa description de la Chine, un article étendu sur les mûriers et les vers à soie, dont la réimpression forme environ une feuille in-8°. Mais ce morceau ne pouvait m'être d'aucun secours pour entendre littéralement le texte chinois que j'ai traduit et publié, par ordre du gouvernement, sous le titre de *Résumé des principaux traités chinois sur la culture des mûriers et l'éducation des vers à soie*, 1 vol. in-8°.

Étranger comme je l'étais au sujet du livre, j'ai eu à surmonter les plus grandes difficultés que puissent présenter les livres chinois. Cependant les agriculteurs et les magnaniers ont bien voulu reconnaître que les méthodes, qui font l'objet de ce traité, étaient exposées avec autant de clarté que si le traducteur eût été versé dans la culture des mûriers et l'éducation des vers à soie.

Cet ouvrage dont l'importance et l'utilité pratique sont généralement reconnues, a été transporté (d'après ma traduction française) en italien, en allemand, en russe (par ordre du gouvernement), en arabe, en grec moderne (en Morée), et en anglais (dans la Caroline du Sud).

M. Pauthier a publié, dans le Panthéon littéraire, une

traduction du *Chou-king*, l'un des livres *canoniques*, déjà traduit par le P. Gaubil. Rien n'empêche qu'il ne publie de même une traduction française du *Chi-king*, ou Livre des Vers, et du *I-king*, ou Livre des Transformations, déjà traduits en latin, d'une manière assez fidèle, par les PP. Lacharme et Régis. De telles traductions sont sans danger pour celui qui les donne de seconde main, mais *elles sont à peu près sans mérite*, lorsque, comme M. Pauthier, on laisse subsister presque toutes les fautes des versions précédentes, et qu'on ne fait guère autre chose que d'en ajouter de nouvelles.

Il ne paraît pas que M. Pauthier ait jamais songé à mettre en français le *Li-ki* (ou le Mémorial des Cérémonies civiles, politiques et religieuses des Chinois), dont il n'existait jusqu'ici aucune traduction, et que j'explique, au Collége de France, avec le grand commentaire de *Tchin-hao*. En cela il a fait preuve de prudence et de discrétion. Le *Li-ki* offre tant d'allusions à des usages qui nous sont inconnus, tant de mots qui ont un sens spécial et dont l'on chercherait en vain l'explication dans nos dictionnaires ; on y rencontre enfin un si grand nombre de passages sur l'interprétation desquels les commentaires se taisent ou se contredisent, qu'il n'est peut-être pas, dans toute la littérature chinoise, un ouvrage dont l'intelligence exige autant d'érudition, d'expérience et d'habitude de la langue. M. Pauthier a donc bien fait de ne point s'engager dans une telle entreprise. Il eût été à souhaiter qu'il ne s'aventurât pas non plus à traduire le plus profond des philosophes chinois, et des textes historiques hérissés de difficultés. S'il eût consacré à l'étude du chinois le temps qu'il a employé à *se perdre lui-même* par des travaux prématurés, nous compterions peut-être un sinologue de plus, et la personne qui s'est vue dans la pénible nécessité de le critiquer, s'estimerait heureuse de le citer à la suite des Bazin, de Ed. Biot, des Théodore Pavie, des Guillard d'Arcy, etc. Mais sa témérité aveugle *l'a fait tomber trop bas pour qu'il se relève jamais.*

Pour moi, je ne perdrai pas davantage mon temps à démontrer que l'intelligence des textes philosophiques et historiques est tout-à-fait au dessus de sa portée. Mon *Examen critique*, mes *Exercices pratiques* et la *présente publication* ont rendu cette vérité palpable et claire comme le jour. Il me tarde, du reste, de reprendre mes travaux qu'ont longtemps interrompus des publications destinées à signaler les dangers auxquels on s'expose en traduisant trop tôt les textes chinois les plus difficiles, publications qui m'étaient imposées comme un devoir sacré, en ma double qualité de professeur et d'académicien, et que je me féliciterai toute ma vie d'avoir mises au jour, quoiqu'elles aient attiré sur ma tête tous les outrages que peuvent inventer la haine et la calomnie.

POST-SCRIPTUM.

En tête de mes *Exercices pratiques*, etc. (3 août 1842), j'ai donné un *fac simile*, extrait d'une lettre française que m'avait adressée le P. Hyacinthe Bitchourin, le plus illustre sinologue de la Russie, à la date du 12 décembre 1841. On y remarque le passage suivant : « *J'avais lu depuis longtemps votre* « EXAMEN CRITIQUE (inséré dans le Journal Asiatique « de Paris, mai 1841). *Je rends pleine justice à* « *l'exactitude de votre traduction, surtout dans* « *les endroits difficiles...*

« *Savez-vous pourquoi M. Pauthier se trompe* « *en traduisant du chinois? C'est qu'il a une* « *fausse idée du mécanisme de cette langue, et* « *qu'il s'efforce de suppléer à ce qui lui manque* « *de connaissance, au moyen de ses conjectures.* »

Ce témoignage imposant vient d'être confirmé par l'habile sinologue M. Robert Thom, interprète du gouvernement anglais en Chine, qui, de concert avec M. R. Morrison, a conduit les négociations qui ont eu lieu, dans le mois d'août dernier, entre Sir Henry Pottinger et les plénipotentiaires chinois.

Ce savant s'exprime ainsi dans une lettre du 30 août 1842, adressée à son frère, le Rév. David Thom, qui a bien voulu m'en donner un extrait : « *I have received M. Julien's* Examen critique, *a* « *work which serves to prove, if that proof had* « *been wanted, that M. Julien is a first rate* « *chinese scholar, and M. Pauthier a very in-* « *different one!* »

Je suis confus de citer des témoignages si honorables pour moi; mais j'aime à croire que les injures grossières que m'a attirées mon dernier travail philologique (*Exercices pratiques*, etc.) m'autorisaient pleinement à faire valoir, en ma faveur, la double autorité du P. Hyacinthe et de M. R. Thom, qui sanctionne l'ensemble de mon *Examen critique*, en même temps qu'elle condamne, de la manière la plus formelle, la traduction de M. Pauthier.

N. B. L'ouvrage que je présente aujourd'hui au public a été rédigé, *à la hâte*, du 8 au 26 novembre, dans les moments de loisir que me laissaient mes fonctions. J'ose espérer, en conséquence, que le lecteur voudra bien excuser les fautes qui ont pu m'échapper, et dire avec Horace :

..... Non ego paucis
Offendar maculis quas aut incuria fudit.
Aut humana parum cavit natura......

FIN.

ERRATA.

Pag. 23, lig. 12, *lisez* pourrait *au lieu de* pouvait.
— 25, — 2, — clare — dare.
— 29, — 23, — travaux — efforts.
— 196, — 36, — quatre — six.

ADDITION.

Pag. 12, lig. 33, *lisez :*

3° Qu'il n'avait présenté à la Commission qu'une faible portion de sa traduction et de son commentaire de *Lao-tseu*.

www.ingramcontent.com/pod-product-compliance
Lightning Source LLC
Chambersburg PA
CBHW061043110426
42740CB00049B/1748